교육과정이론과
실천 패러다임

Arthur K. Ellis 지음
김복영 옮김

아카데미프레스

EXEMPLARS oF CURRICULUM THEORY

역자의 말

역자는 연전에 중국 항주에 소재하는 절강대학에서 열린 교육과정 국제세미나에서 Ellis 교수를 처음 만나게 되었다. 그 후 우연한 기회에 Ellis 교수가 저술한 『Exemplars of Curriculum Theory』를 대학원생용 부교재로 채택하게 되었다. 교육과정 분야의 책으로 그리 새로운 내용은 없었지만, 그동안 우리에게 생소한 교육과정의 실제가 몇 가지 소개되고 있어 번역을 하기로 결심하였다.

이 책은 먼저 교육과정이론을 소개하고 이에 상응하는 대표적인 교육과정 실제를 제시하고 있다는 점에서 다른 교육과정 저서들과 차이가 있다. 저자는 교육과정 실제를 본보기(exemplar)라는 용어로 쓰고 있다. 이 책은 교육과정이론을 크게 학습자중심 교육과정, 사회중심 교육과정, 지식중심 교육과정으로 분류하고 있다.

학습자중심 교육과정의 본보기에는 Sudbury 학교의 학습자중심과 학습자통제 접근법, 초등학교용 탐구경험 교육과정: 흥미중심 접근법, 레지오 에밀리아 교육이 있다. 사회중심 교육과정의 본보기로는 Foxfire 교육과정, 초등학교용 통합과학과 수학 접근법이 있다. 지식중심 교육과정의 본보기에는 E. D. Hirsch, Jr.의 중핵지식 교육과정, Mortimer Adler의 파이데이아 교육과정, 국제중등디플로마 프로그램이 있다. 이러한 본보기 중에서 몇 가지를 제외하고 나머지는 우리에게 생소한 교육과정의 실제라고 할 수 있다.

그중에서 사회중심 교육과정의 본보기인 Foxfire 교육과정은 우리나라에 아마도 처음으로 소개되는 것으로 알고 있다. 역자가 1980년대에 미국에서 유학하던 시절에 처음으로 접했던 Foxfire 교육과정은 교사의 지도하에 학생들 스스로가 조지아 주의 북부 애팔래치아 산맥 끝자락 지역의 풍속을 취재하여 전문적인 잡지를 만드는 독특한 방식의 교육과정이다. 이 교육과정은 일종의 통합교육과정이라고 할 수 있다. 왜냐하면 학생들은 이 교육과정을 통해 지역사회를 취재하며, 전문적인 잡지의 기사 원고를 작성하는 과정에서 역사, 문화, 지리, 영어 등을 학습할 수 있기 때문이다. 이로 인해 문화저널리즘(cultural journalism)이라는 신조어가 탄생하였다. 이 교육과정이 나온 이후로 미국의 여러 주에서 지역 실정에 맞는 유사한 교육과정을 운영하고 있다.

그러나 정작 이 교육과정을 개발한 장본인인 Eliot Wigginton은 아동 성희롱 혐의로 1년간 실형을 살고 현재 플로리다 주에 은거하고 있다. 이러한 비극적인 사건으로 인해 이 교육과정이 사라져 갈 운명에 처하자, 관련 지인들이 Foxfire Fund, Inc.을 설립하여 초기 학교 건물을 다른 곳으로 옮겨 현재 박물관으로 운영하고 있다.

또한 근처에 고등학교 건물을 신축하여 이 교육과정을 아직까지 운영하고 있다. 마침 역자가 University of Georgia에 연구년으로 1년 동안 체류하면서, 이 교육과정의 발상지인 조지아 주 Rabun Gap 카운티에 소재하는 박물관을 견학하고 이 교육과정에 대해 많은 것을 배우게 되었다. 혹시 이 교육과정에 관심이 있는 독자들은 역자의 졸고 "문화연구를 통한 교육과정 연구의 모색: 문화저널리즘으로서의 Foxfire 교육과정을 중심으로"를 참고하기 바란다.

송도 신캠퍼스에서 역자

저자 소개

이 책의 저자인 Arthur K. Ellis는 전직 공립학교 교사였다. 현재 Seattle Pacific University의 교육학 교수이며 국제교육과정연구센터 소장을 맡고 있다. 그는 매우 인정받고 있는 『초등학교 사회과의 교수와 학습(Teaching and Learning Elementary Social Studies)』, 『교육혁신에 관한 연구(Research on Educational Innovations』, 『교수, 학습, 그리고 평가(Teaching, Learning, and Assessment Together)』를 저술하였다. Ellis 박사는 18권의 저서와 수많은 학술논문을 학술지에 게재하였다. 그는 미국의 여러 학교를 자문하고 있으며, 러시아, 중국, 스페인, 기타 여러 나라에서 다방면에 걸친 전문적 활동에 참여하고 있다. 그는 또한 통합연구교육과정인 '발견 여행(Journeys of Discovery)' 의 공동 저자이기도 하다.

저자의 말

이 책이 나오기까지 도움을 주신 몇 분께 감사를 드립니다. 국제중등 디플로마 프로그램에 관한 자료를 제공해 주신 Colegio de Americano de Madrid의 James Mikkelson과 Daniel Freeborn에게 감사를 드린다. Foxfire와 Sudbury 학교 교육과정 자료를 제공해 주신 Grays Harbor College의 영문과 교수 Darby Cavin에게 감사를 드린다. 그리고 이 책에 대한 성실한 편집, 중요한 제안, 추가를 해 주신 South Bend 소재 인디애나 대학교의 Naomi Petersen 교수에게 특별히 감사의 말을 전한다. 이 책에서 발견되는 생략, 오류 그리고 기타 문제는 전적으로 저자의 책임이라는 점을 밝혀 둔다.

한국어판 서문

『교육과정이론과 실천 패러다임』의 한국어판 서문을 쓰게 되어 매우 기쁘게 생각합니다. 이번 기회로 인천대학교의 김복영 교수에게 빚을 진 셈입니다. 영어와 중국어판으로 출판된 이 책이 한국어판으로 나오게 되어서 영광으로 생각합니다. 한국과 미국의 협력은 많은 분야에서 원만히 이루어지고 있습니다. 교육 분야에 있어 양국의 공동연구를 조금이라도 진척시키는 데 기여할 수 있어 기쁩니다. 일찍이 미국의 정치 지도자인 John Jay는 "교육은 사회의 생명이다."라고 하면서, 사회에서 교육의 중요성을 언급했습니다.

나는 이 책에서 다양한 교육과정 모델의 이론과 실제를 발전시키려고 시도했습니다. 만일 계획과 경험 모두로서 교육과정을 고려한다면, 계획을 따르는 것이 학습을 경험하는 것과 다르다는 것입니다. 그것은 계획이 학생들의 경험과 다르기 때문입니다. 학습자중심 교육과정은 자아실현이라는 목표에 기반을 두고 있습니다. 사회중심 교육과정은 실생활 문제에 도전하는 것을 지지합니다. 그리고 지식중심 교육과정은 학문적 수월성을 지향합니다. 모든 학교에서 세 가지 목표가 중요합니다. 여러 가지 모델은 우리에게 가능한 상상을 하도록 해 줍니다. 이러한 것은 교수와 학습이 의미하는 것이 무엇인지에 대해 우리의 사고를 넓혀 줍니다. 교육과정에서 주어진 어떤 교과라도 세 가지 전망 중의 한 가지 접근법이 가능합니다. 그러므로 교사와 학생들이 갖는 경험은 어떤 교육과정을 중심으로 하느냐에 따라 달라질 것입니다. 그리고 항상 교육과정 안에서 균형을 추구하는 것이 중요합니다. 최고의 교사들은 교육과정이 갖는 강조점을 핵심화하는 방법을 이해하고 있고, 자신들의 교수를 가치 있고 매력적인 학교의 경험으로 만들 수 있도록 조정합니다.

한국은 교육에 있어서 매우 우수한 전통을 갖고 있습니다. 저는 이 점을 높이 평가합니다. 한국의 학교는 매우 훌륭한 학업 성취를 달성하고 있는 것으로 정평이 나 있습니다. 동시에 진정으로 나는 이 책이 학교의 리더들이 교육받는 학생들에게 광범위한 가능성을 포괄하는 역량을 기르는 데 조금이나마 도움이 되기를 희망합니다. 이제까지 우리는 잘해 왔습니다. 우리는 항상 더 잘할 수 있습니다. 교육에 있어서 수월성의 비결은 계속적인 진보입니다. 학생들에게는 세 가지 교육과정 모델의 경험이 필요합니다. 모든 학생들은 희망과 꿈을 가진 개인, 미래의 시민과 사회의 구성원, 그리고 학문적 성취를 이루려고 노력해야 하는 학자로서 전인적인 사람이기 때문입니다.

저는 여러분이 이 책을 읽고 여기에서 아이디어를 찾아 적용하며 발전하기를 바랍니다.

Arthur K. Ellis

차례

서론 1

본보기에 관한 추가 언급 7

제1장 교육과정의 정의 9

교육과정이란 무엇인가? 11

유래와 은유 12

처방으로서의 교육과정 13

경험으로서의 교육과정 14

요약 17

생각해 보기 19

제2장 행간 읽기 21

계획된 교육과정과 경험된 교육과정 23

협의적 정의와 광의적 정의 24

양육하기와 이끌어 내기 24

요약 26

생각해 보기 27

제3장 **몇 가지 질문** 29

교육과정의 목표는 무엇인가? 31
어떤 지식이 가장 가치 있는가? 32
미래에 대한 예측 34
어떤 가치를 가르치고 배워야 하는가? 34
어떤 본질적인 기능이 문제인가? 36
사회에 대한 적절한 관점은 무엇인가? 37
학생에 대해 어떤 것을 신뢰하는가? 38
다원주의 사회에 주는 시사점은 무엇인가? 39
요약 40
생각해 보기 41

제4장 **진보주의 패러다임** 43

진보주의 패러다임의 간략한 역사 45
8년 연구 50
진보주의 교육과정 51
요약 55
생각해 보기 56

제5장 **학습자중심 교육과정** 57

목표의 구조 59
열린교육 62
A.S. Neill과 Summerhill 학교 63

정의적 교육 · · · · · · · · · · 64
발달에 적합한 실제 · · · · · · · · · · 65
흥미설 · · · · · · · · · · 67
창의성과 자기주도 · · · · · · · · · · 68
구문론적 복잡성 · · · · · · · · · · 70
요약 · · · · · · · · · · 71
생각해 보기 · · · · · · · · · · 73
학습자중심 교육과정의 본보기 · · · · · · · · · · 73

〈본보기 1〉 Sudbury 학교:
학습자중심과 학습자통제 접근법 · · · · · · · · · · 74

〈본보기 2〉 초등학교용 탐구경험 교육과정(EECES):
흥미중심 접근법 · · · · · · · · · · 79

〈본보기 3〉 Reggio Emilia 교육:
프로젝트 기반 아동중심 지역사회 접근법 · · · · · · · · · · 88

제6장 사회중심 교육과정 · · · · · · · · · · 97

집단에 대한 강조와 집단 맥락 속의 자아 · · · · · · · · · · 104
교사의 역할 · · · · · · · · · · 106
통합학습 · · · · · · · · · · 107
요약 · · · · · · · · · · 108
생각해 보기 · · · · · · · · · · 109
교장 선생님이 말하다: 사회중심 교육과정의 관점 · · · · · · · · · · 109
생각해 보기 · · · · · · · · · · 113

〈본보기 4〉 Foxfire 교육과정:
문화저널리즘 ········· 114

〈본보기 5〉 초등학교용 통합과학과 수학(USMES) 접근법:
현실세계의 문제해결 ········· 119

제7장 지식중심 교육과정 ········· 127

자유교육 ········· 131
교육과정으로서의 교과서 ········· 134
과정으로서의 교육과정 ········· 136
앎의 양식 ········· 138
E. D. Hirsch, Jr.의 중핵지식 교육과정: 문화소양 ········· 139
Mortimer Adler의 파이데이아 제안: 교육 선언 ········· 140
차이점과 유사점 ········· 143
지식중심 교육과정의 핵심 ········· 144
전통적 교육과정철학: 본질주의와 항존주의 ········· 150
생각해 보기 ········· 155
Bruner에 대한 회고 ········· 157
학문 속의 지식의 구조 ········· 157
생각해 보기 ········· 159
본질주의 패러다임 ········· 160
본질주의 교육과정 ········· 161
교육과정의 조직 ········· 166
본질주의에 대한 고찰 ········· 167
본질주의 교육과정이 당신의 학교에 적합한가? ········· 169

〈본보기 6〉 E. D. Hirsch, Jr.의 중핵지식 교육과정:
본질주의 ······ 170

항존주의 패러다임 ······ 176

〈본보기 7〉 Mortimer Adler의 파이데이아 교육과정:
항존주의 ······ 179

〈본보기 8〉 국제중등디플로마 프로그램:
범세계적 교육과정 ······ 187

요약 ······ 197

제8장 **맺음말** ······ 199

참고문헌 ······ 207

찾아보기 ······ 215

서론

본보기(exemplar)

(a) 이상적 모델이나 (b) 전형적 또는 표준적 표본(specimen)으로서 모델(model)이나 실례(example)로서 도움이 되는 것.

웹스터 11판 새 대학사전
(Webster's Eleventh New Collegiate Dictionary, 2003)

이 책의 목적은 여러분에게 교육과정이론의 모델(models)과 본보기(exemplars)를 알려 주는 데 있다. 이론은 추상적 용어 또는 일반 원리로 현상 또는 여러 현상을 설명하려는 노력이다. 보통 이론은 예컨대 "모든 아동은 배우기를 원한다." 또는 "학생들은 자신들에게 가장 흥미 있는 것을 공부해야 한다."와 같은 수많은 상호 관련된 명제를 포함한다. 교육이론은 마땅히 더 좋은 용어가 없어서 전통적 이론과 경험적 이론이라고 부르는 두 가지 범주에 속하는 경향이 있다. 두 가지 주요 이론인 본질주의와 진보주의는 상당히 구체적으로 설명되고 있다. 항존주의와 실존주의 같은 기타 이론은 비교적 부차적인 역할을 하기 때문에 간략히 다루어지고 있다. 이론은 어떤 것에 관한 일련의 추상적 원리인데, 어떤 이론은 이 경우에 젊은이들에 대한 적절한 교육을 말한다. '철학' 이라는 용어는 흔히 일관된 세계관의 표현을 의미하며, 예컨대 본질주의를 교육철학으로 부르는 것이 보통이다. 그러나 필자는 이러한 원리가 사실상 형이상학적 사변 이상의 어떤 것에 토대를 두고 있기 때문에, '이론' 이라는 용어를 이러한 추상적인 일련의 원리로 기술하여 사용하는 편을 더 선호한다. 본질주의와 진보주의는 각각의 경우를 지지하는 긴 일련의 경험적 연구를 가리킨다.

필자는 학습자중심, 사회중심, 지식중심이라는 세 가지 교육과정 모델을 선택하였다. 모델은 흔히 공간, 시간, 복잡성의 요소를 절충하는 모종의 것에 대한 선택적 표상이다. 바꿔 말하면 모델은 예컨대 지도, 시뮬레이션, 개략도, 작동되는 축소모형과 같은 모종의 실재에 대한 요약판이다. 유용한 모델은 실재 그 자체가 존재하지 않아도 실재에 통찰력을 제공한다. 흔히 모델의 유용성에 대한 열쇠는 모델이 표상하는 실재의 관련 요소에 대한 신중한 선택에 있다. 필자는 모델에 충실하려고 노력했다. 우리의 경우 선택된 세 가지 모델은 이론과 본보기 간의 연계인 것이다. 이론이 일반 원리를 제시하는 반면에, 모델은 이론이 어떻게 작용하는지를 설명하고 예시한다.

흔히 실재는 분명하지 않다는 것을 알아차리는 것이 중요하다. 이것은 정확히 실재는 현실이고 모델은 이상이기 때문에 그러하다. 그러므로 여러분은 이 책에 실린 어떤 본보기도 순수하게 학습자중심, 사회중심, 지식중심이 아니라는 것을 알아차릴 것이다. 오히려 이러한 모델은 경향성을 가지며, 필자는 이러한 모델을 적절하게 위치시키려고 노력했다. 잠시 Foxfire 교육과정을 검토해 보자. 물론 이 교육과정은 역사, 문화, 지리, 언어를 탐구하는 교육과정이다. 그러나 또한 이 교육과정은 상당 부분 지역사회에 대한 참여와 관련된 현지사회와 지역사회 지향적이다. 그리고 이 교육과정은 특히 학습자의 관심과 선택의 자유와 관련해서 개인에게 적합하다. 여러분이 앞으로 보게 될 다른 사례보다 일부 사례에서 더 부각되지만, 이와 유사한 논평이 다른 본보기에도 적용될 수 있다.

본보기(exemplars)는 개별적 실례(instances) 또는 특정한 사례(cases)이다. 본보기는 모델의 표본 또는 특정 실례를 제공한다. 본보기는 모델을 실천에 옮기기 위한 구체적 노력으로서 그 역할을 한다. 모델의 정신을 대표하는 것으로서 필자가 선택한 본보기로는 초등학교용 탐구경험 교육과정(EECES: Exploratory Experiences Curriculum for Elementary Schools), 초등학교용 통합과학과 수학(USMES: Unified Science and Mathematics for Elementary Schools), E. D. Hirsch, Jr.의 중핵지식 교육과정(Core Knowledge Curriculum), Sudbury Valley 학교 교육과정, Reggio Emilia 교육, Foxfire 교육과정, 국제중등학교디플로마 교육과정(International Baccalaureate Curriculum), Mortimer Adler의 파이데이아 제안 교육과정(Paideia Proposal Curriculum)이 있다.

흔히 특정 운동은 다른 운동에 의해 확인된다. 매우 빈번히 이러한 것은 John Dewey가 그의 저서 『경험과 교육(Experience and Education)』에서 진보주의 운동에 관해 애석해한 '허수아비(straw man)' 논증(argument)(전통주의자들이 진보주의자들에 대한 관심의 대상이 된 조건들이 문제 사태를 구성하는 부분적인 요인임에도 불구하고 문제 사태의 전부인 양 과장하였거나 일반화시켰던 논증 전략—역주)의 일부로서 확인된다. 보통 마음에 드는 접근법은 상관적·도전적이며, 살아 있고, 평생학습을 지원하는 것과 같이 칭송되는 반면, 다른 접근법은 상관이 없고, 비도전적이며, 무기력하고, 피상적이라는 등 희화화되거나, 폄하되고, 심지어 비아냥을 듣는다. 이 정도는 아무것도 아니다. 필자가 의도하는 것은 이론, 모델, 본보기가 제시하려고 주장하는 것을 보여 주는 것이다. 필자는 이러한 이론, 모델, 본보기가 얼마나 결함이 있는지를 말하려고 하는 것이 아니다. 필자는 진심으로 상황에 대한 교육과정의 적합성에 관해 독자들이 현명하게 판단할 능력이 있을 것이라고 믿는다. 제시된 각 교육과정은 많은 것을 제공해 줄 것이다. 만약 필자가 그렇게 생각하지 않았다면, 이 책에 그러한 교육과정을 포함시키지 않았을 것이다. 흔히 주어진 교육과정의 적합성에 대한 차이는 사람들이 무엇을 학교의 목적으로 보느냐에 달려 있다. 필자는 어느 한 교육과정이 다른 교육과정보다 학교교육의 목적을 훨씬 더 함양시킬 수 있다는 것을 '증명하는' 실증적인 증거를 알지 못한다.

두 가지의 커다란 학교교육의 목표는 학업성취의 향상과 사회/도덕적 조직의 심화이다. 필자는 이 책에 제시된 각 교육과정이 이러한 과제를 감당할 수 있다는 결론을 내렸다. 그 이유는 교육과정은 교사와 학생이 적용하면 활기를 띠기 때문이다. 이러한 사람들의 조우 속에서 좋은 일이 일어난다. 이러한 의미에서 학교생활의 존재 양식과 동떨어진 교육과정이란 있을 수 없다. 심지어 가장 유명한 교육과정조차 잘못 적용되면 생명력을 잃을 수 있다. 그리고 학생들이 보통 싫어

하는 교과는 올바르게 적용되면 좋아하는 교과가 된다.

실례로서 필자가 선택한 교육과정이론, 모델, 본보기를 실행에 옮기는 것은 확실히 임의적이다. 한 권 이상의 교육과정 서적을 검토한 사람이라면 '모델' 이라는 용어가 다양하게 사용되며, 글자 그대로 십여 개의 '모델' 이 장황하게 기술되고 설명되어 있다는 것을 알게 된다. 필자는 이 책에 세 가지의 모델을 선택하여 설명했는데, 그 이유는 이러한 모델이 교육과정의 존재와 당위에 대한 세 가지의 기본적 세계관을 보여 주기 때문이다. 필자가 이러한 모델을 충실히 보여 주는 만큼, 독자는 이러한 모델이 유용한 출발점이라는 점을 발견할 것이다. 이러한 모델은 틀림없이 개인적으로 다양한 해석의 여지가 있으며 또 당연히 그래야 하며, 이러한 모델은 보수와 급진의 연속선상에서 주장되어 왔다고 할 수 있다.

사실상 수백 가지가 존재하는 본보기는 단지 배제 여부의 관점에서 선택하기가 더욱 어렵다. 기타 모델은 간략히 기술되고 있지만 필자는 꽤 심도 있게 제시한 이러한 모델이 독자들에게 특징적 속성과 진취적 정신을 제공해서 각 모델의 본질에 대한 적응, 결합, 치환을 나타내는 다른 본보기를 찾아내거나 개발하도록 자극한다고 생각한다. 어느 단일한 본보기가 순전히 이것 또는 저것이 아니라는 것을 미리 알아차려야 한다. 이러한 아이디어가 논란의 여지가 있다고 할지라도, 이론과 모델은 다른 것과 분명히 분리하는 본래의 속성을 가지고 있다. 독자들은 이 책에서 예로 든 각 본보기가 다른 세계관의 미량원소를 담고 있다는 것을 알게 될 것이다. 그러한 이유는 이러한 본보기가 실제 교육환경 속에서 활용되는 실제 교육과정이기 때문이다. 실재는 필연적으로 매우 번잡스럽다.

이 책은 조사적 성격을 띤다. 분명히 이 책은 백과사전식 의미의 교육과정 관련 서적이 아니다. 짐작해 보건대 현재 그러한 성격의 서적은 많아서 쉽게 구할 수 있으며, 앞으로 더 많은 서적이 출판될 것이다. 이 책은 미국의 여러 학교에서 쉽게 목격할 수 있는 교과서식 교육과정의 한계를 넘어 일련의 실행 가능한 대안을 심각하게 고민하는 교육자들을 위해 집필되었다. 모델과 본보기는 단순하지 않다. 사실상 모델과 본보기는 단지 교사와 학생의 주도가 매우 요구된다는 이유만으로도 실행하기가 어렵다. 잘해야 할 가치가 있는 대부분의 것은 어려우며, 필자는 우리 교직 분야에 이러한 도전을 환영하는 사람들이 많다고 확실하게 믿고 있다.

더 면밀히 연구해 보고 싶은 독자들을 위해 필자는 이 책의 뒤에 참고문헌을 수록하였다.

본보기에 관한 추가 언급

여러분은 이 책을 통해 다양한 교육과정의 본보기를 발견할 것이다. 필자는 교육과정 모델(이론)을 먼저 설명하고, 그다음에 이와 관련된 본보기(실제)를 별도로 소개하였다. 예컨대 초등학교용 통합과학과 수학(USMES: Unified Science and Mathematics for Elementary Schools) 교육과정은 사회중심 교육과정 모델을 다루는 장의 본문을 먼저 소개하고 난 후에 별도로 넣고, Mortimer Adler의 파이데이아 제안은 지식중심 교육과정 모델의 본문을 소개하고 난 후에 넣는 식으로 말이다. 모델과 본보기를 구분하기 위해 별도로 색인을 넣었다. 사람들은 이론(본문의 장)과 실제(본보기)가 전체로서 통합되어 기술되어야 한다고 주장할 수도 있다. 이러한 주장에 일리가 있을 수 있다. 그러나 필자는 특히 어느 특정한 본보기가 주어진 이론을 완벽히 나타내지 않거나 실제에 대한 실재가 주어지지 않기 때문에, 주어진 이론적 차원 그 자체에 대한 실체를 고려하는 것이 가장 좋다고 결국 결정했다. 의심 없이 독자들은 각 본보기를 검토할 때 이론과 실제 간의 관계와 이론은 깔끔하고 실제는 번잡하다는 것을 알 것이다. Platon이 수세기 전에 지적한 것처럼 실제는 이상에 접근하지만 결코 같지 않다. 그래서 본보기는 사람들이 '적절한 사례'로 고려할 수 있는 것이다. 왜 이러한 본보기를 말인가? 왜 다른 본보기는 그렇지 않은가? 이러한 적절한 질문에 대해 필자는 선택한 사례가 학습자중심, 사회중심, 지식중심 교육과정을 타당하게 나타내고 있다고 본다. 그리고 이러한 실례는 독자들이 여러 형태로 구입할 수 있다. 일부는 상업 출판물 형태로 구입할 수 있다. 기타 실례는 출판물 형식을 덜 요구하기 때문에 구입 가능하며, 다른 무엇보다도 이러한 실례를 구입하려는 교사와 학생의 의지에 달려 있다. 확실히 이러한 조건을 충족시킬 수 있는 기타 실례가 있지만, 지면과 수익률 감소라는 문제 때문에 더 목록을 추가할 수 없었다.

제 1 장

교육과정의 정의

교육과정(curriculum)

복수형은 curricula[라틴어=과정(course), 경력(career)(축어적 · 비유적으로)]. A course: 특히 학교 또는 대학의 정규 연구과정 또는 훈련 … 1633년 … 글래스고우(Glasgow) Munimenta 대학에서.

옥스퍼드 영어사전

(The Oxford English Dictionary)

교육과정이란 무엇인가?

어느 중학교 교사가 Tolkien(영국의 문헌학자 · 판타지소설 작가－역주)의 『반지의 제왕(Lord of the Rings)』에서 묘사하는 선과 악에 관해서 학급토론을 진행하고 있다. 교사는 학생들에게 자신들의 논점을 지지하기 위해 책 또는 영화에서 특정한 내용을 인용하도록 권장한다. 교사는 학생들에게 그들의 생활과 그들이 조사하는 사회를 연관시키도록 요청한다. 교사는 학생들에게 숙제로 문학 속의 다른 실례와 다른 추가 논의 등을 찾도록 요구한다.

한 학생이 학교에 병 속에 든 여치를 가지고 와서 선생님에게 자기가 그림에서 본 여치처럼 녹색이 아닌 이유에 대해 묻는다. 학생은 이미 이 여치를 '하피(Hoppy)' 라고 이름 지었다. 교사는 학생에게 여치에 대해 더 배우고 싶은지 묻는다. 학생은 흥분하여 그렇다고 대답한다. 곤충에 대한 공부가 시작되었고 학생은 교육과정의 저자로서 참여하였다.

교사는 고등학교 생물반에서 생태계를 공부하는 학생들에게 연어가 한때 이동하여 산란을 했던 하천의 복원에 참여하도록 요청했다. 학급은 현지 공원관리국과 협력하여 연구한다. 학생들은 이 프로젝트를 성공적으로 수행하기 위해 방과 후 시간과 주말 시간을 자발적으로 할애하고 …

각 시나리오는 몇 가지 공통점을 가지고 있다. 교사는 학생들에게 생각하고 행동하라고 요청한다. 각 시나리오는 한두 종류의 내용을 담고 있다. 즉 교수요목(course of study)은 각 경우에 분명하며, 학습이 이루어지고 있다. 학생들은 자신들의 참여가 각 상황에서 상당히 다름에도 불구하고 적극적으로 참여한다. 분명히 이러한 것은 단지 짧은 경험에 불과하다. 독자들은 다음에 무슨 일이 일어날지 모른다. 우리는 그러한 가능성을 추측할 뿐이다.

유래와 은유

*교육과정(curriculum)*이라는 용어는 라틴어에서 유래하며, '달리다(to run)' 라는 의미의 고대 불어 동사 *쿠레레*(currere: 미국식 발음은 *큐레레*–역주)를 통해 우리에게 알려져 있다. 관련 용어로는 흐름(current), 유통(currency), 밀사(courier) 등이 있다. 영어로 번역하면 교육과정은 대체로 '경주로' 를 의미한다. 시간이 지나면서 학교에서 사용할 용도로 교육과정은 '교수요목(course of study)' 을 의미하게 되었다. 우리가 앞서 『옥스퍼드 영어사전(Oxford English Dictionary)』에서 발췌한 인용구에서 보는 것처럼, 이 용어는 스코틀랜드의 고등교육 문헌, 특히 17세기에 글래스고우 대학에서 영어로 최초로 사용되었다.

*교육과정*이라는 단어는 축어적 의미로부터 비유적 의미를 갖는 은유이다. 그러므로 경주로는 교수요목이 된다. 여기에 이상할 것이 하나도 없다. 예컨대 *유치원(kindergarten*: 아이들의 정원)이라는 용어를 생각해 보자. 이제 확실히 낭만주의 운동의 산물인 유치원은 교육과정보다 더 아름다운 비유라는 것이 사실이다. '아이들의 정원' 이라는 상상력이 풍부한 아이디어는 강렬한 심상을 떠올리게 하는데, 너무나 강렬한 나머지 하급 1학년(junior first grade)으로 만들고자 했던 사람들의 공격에 저항하여 수년 동안 유치원이라는 명칭을 지켜 냈다. 남성명사인 유치원은 주격에 들어 있는 중성명사인 교육과정(curriculum)보다 영어 원어민에게 덜 어색한 용어라는 것 또한 사실이며, 특히 구어와 문어에서 격과 성을 기본적으로 무시하는 사람들에게 꽤 어렵다.

당신은 하나 이상의 교육과정을 어떻게 기술하는가? 보통 라틴어의 복수형은 'curricula' 이지만 흔히 영어로 'curriculums' 라고 쓰는 경향이 있다. 적어도 이러한 것은 성가시다. Oliva(1982, p. 5)가 간결하게 지적한 것처럼, "교육과정이라는 단어의 무정형적 성격은 수년간에 걸쳐 다양한 해석을 낳았다." 실제로 우리가 앞으로 목격하는 것처럼, 여러 가지의 정의와 관점이 존재한다. 수많은 정의와 설명이 최근에 제시되었는데, 이 처량한 고어는 여러분이 원하는 대로 수많은 의미를 가질 수 있다.

처방으로서의 교육과정

교육과정을 정의하려는 시도는 처방적(prescriptive) · 기술적(descriptive) 또는 이 두 가지의 결합으로 나타나는 경향이 있다. 처방적 정의는 우리에게 '당위(ought)'를 제시하며, 흔히 계획, 의도된 프로그램, 교수요목에서 일어날 필요가 있는 것에 관한 모종의 전문적 견해라는 형식을 취한다. 이러한 의미에서 처방적 정의는 도래할 것에 대한 감각(sense)이라는 미래 지향을 취한다. 물론 의료 처방전의 경우 대부분 거의 제대로 조제되지 않으며, 약사가 조제하는 것을 염려하는 환자의 의료 처방전 중에서, 실제로 얼마나 많은 의료 처방전이 정확히 조제되었는지 모른다. 가장 좋은 추측은 대부분이 그렇지 않다는 것이다. 의료 처방전과 학교 교육과정 분야 사이에 일부 유사점이 발견된다. 왜냐하면 환자처럼 교사가 궁극적으로 처방전에 따라 옳게 조제될지 여부를 결정하기 때문이다. 일은 교육과정 개발자가 꾀하고 성패는 교사에게 달려 있다.

다음에 몇 가지 *처방적* 교육과정에 대한 정의가 제시되어 있다.

> 처방된 일단의 지식과 이러한 지식이 의사소통하는 방법. *Alan Block(1998)*

> … 한 지역사회, 주, 국가의 교육자와 성인이 자신들의 요구와 자신들이 보기에 아동의 요구에 가장 도움이 될 것이라고 생각해 만든 매스터 플랜. *Donald Cay(1966)*

> 학습자가 학교의 지도하에 직면하는 모든 경험을 위한 계획 또는 프로그램. *Peter Oliva(1997)*

> 학습을 위한 계획. *Hilda Taba(1962)*

> 성인생활의 문제를 구성하는 일을 잘 수행하며, 성인으로서 모든 면에서 갖춰야 할 능력 개발을 목적으로 아동과 젊은이들이 해야 하고 겪어야 하는 일련의 경험. *Franklin Bobbitt(1918)*

우리는 앞의 정의에서 교육과정은 본래 계획, 지도, 따라야 할 처방이라고 들었다. 그것은 미리 존재하는 인공물이며, 완성되어 시행할 준비가 되었으며, 부족한 것은 실행이라는 의미에서 미리 존재한다. 우리는 이러한 교육과정을 교사의 일상 교안과 다양한 교과영역에서 학교용으로 채택된 주 또는 지역 교육과정지침, 교과서, 관련 자료에서 찾을 수 있다.

경험으로서의 교육과정

실제 상황과 동떨어져 예측할 수 있는 일련의 계획 같은 것은 아마 없을 것이다. 이러한 사고는 전문적 조언에 따라 실제 상황이 어떻게 되어야 하는가뿐만 아니라, 실제 교실의 실제 상황이 어떤가의 측면에서 많은 사람들로 하여금 교육과정에 대해 생각하게 만든다. 그러므로 기술적(descriptive) 정의는 계획된 교육과정이 실행되었을 때 일어나는 일을 우리에게 알려 주려고 노력한다. 기술적 정의는 비록 이러한 짧은 경험이 흔히 단지 체계적인 관찰과 교실에서의 경험적 증거에 근거

할지라도, 실행되고 있는 교육과정에 대한 '짧은 경험' 을 제공한다. 오히려 기술적 정의는 사람들이 우연히 교실에서 일어나고 있는 것을 목격하는 것이 무엇이 되었든지 간에 실제로 교육과정이라는 의미에서 기술적이 되는 경향이 있다. 기술적 정의에서 주요 용어는 '경험(experience)' 이어서, 우리는 또한 이것을 경험된 교육과정이라고 부를 수도 있다.

다음에 몇 가지 기술적 교육과정의 정의에 대한 사례가 제시되어 있다.

> 교사의 지도하에 아동이 갖는 모든 경험. *Hollis Caswell and Doak Campbell(1935)*
>
> 각 학습자가 자신의 교육프로그램을 가지는 일련의 실제 경험과 경험에 대한 개념. *Glen Hass(1987)*
>
> 각 아동이 후속 경험 내에서, 후속 경험에 관해서, 후속 경험과 함께 자신이 행위하기 위해 선택하고, 수용하고, 통합하는 그러한 여러 학습. *Thomas Hopkins(1931)*
>
> 학교가 책임을 지는 아동의 모든 경험. *W. B. Ragan(1960)*
>
> 학습자로 하여금 후속의 지식과 경험에 대한 지적 통제의 행사에서 성장을 가능하게 하는 지식과 경험의 재건. *Daniel Tanner and Laurel Tanner(1995)*

보다시피 이러한 정의는 앞의 여러 정의와 분명히 다르다. 먼저 기술적 정의는 예언적이기보다는 소급적이다. 경험은 모종의 것이 일어났다는 개념을 의미한다. 만약 저자가 당신에게 휴가를 계획하는 것과 휴가를 보내는 것의 차이를 요구했다면, 당신은 수많은 통찰력을 제시하는 데 어려움이 없을 것이다. 만일 다시 저자가 당신에게 직업 준비와 직업에 종사하는 것의 차이를 요구했다면, 저자는 당신이 이 문제에 대해 확신 있게 말할 수 있으리라고 추측할 수 있다. Aristoteles는 생활에 있어서 행복의 문제를 언급하면서, 단지 생활의 경험을 회고함으로써 우리는 우리가 행복을 발견했는지 여부를 판단할 자격이 있다고 기술하였다.

이것은 사람들이 계획 또는 경험으로서의 교육과정 중에서 하나를 선택해야 한다는 말이 아니다. 여러 해에 걸쳐 교육과정을 처방적 또는 기술적으로 정의하려는 수많은 노력이 이어졌다. 그러한 정의는 *권위*(학교)와 모종의 계획을 의미하는 경향이 있는데, 또한 반면에 이러한 계획이 실행될 때 어떤 일이 일어나는지가 고려된다. 다음에 교육과정에 대한 몇 가지 정의가 제시되어 있다.

> 학생이 학교의 지도하에 완수하는 상호 관련된 일련의 계획과 경험. *C. Marsh and K. Stafford(1984)*

> 공식적 · 비공식적인 내용과 과정을 통해 학교의 후원하에 학습자들이 지식과 이해를 습득하고, 기능을 개발하고, 태도 · 판단 · 가치를 수정한다. *Ronald Doll(1996)*

마지막으로 교육과정의 정의는 간결하고 엄격한 것으로부터 전문용어와 집단까지 여러 범위에 걸친다. 아래의 두 가지 정의 중 한 가지는 너무 빈약하여 도움이 안 되고, 다른 정의는 특정 위원회가 쓴 것처럼 보인다. 독자는 주의하라. 저자는 당신의 판단에 맡긴다.

> 심사숙고한 교과의 배열. *Arthur Foshay(1968)*

> 우리는 '플랫폼(platforms: 교육과정을 개선하기 위해 교육과정 개발에 참여하는 사람들이 갖고 있는 어떤 믿음과 가치 체계를 말하며, 일반적으로 출발점 또는 강령으로 번역됨–역주)' 과 같은 은유가 더 시의적

> 절하게 보이는 때에, 아직까지 교육과정을 기능과 내용의 '패키지(package)' 의 측면에서 추론하고 있으며 … 포스트모던 철학의 반정초주의의적 개념과 포스트 인식론적 관점이 현존하는 세계관에 근거한 미리 정의된 내용과 기능을 습득하는 것보다, 세계를 보는 방식에 대한 적극적인 추구에 특권을 부여하는 논리와 감수성을 불러일으킨다. 플랫폼을 숙달하는 학습자는 주도적으로 해석과 프레임 설계를 형성할 수 있으며, 이러한 것은 번갈아 자신들의 학습과 혁신 의제 그리고 궁극적으로 세계관을 형성한다. *A. de Alba, E. Gonzalez-Gaudino, C. Lankshear, M. Peters(2000)*

당신은 이제 선호하는 정의를 찾았는가? 아마도 이 시점에서 당신은 자신의 잠정적인 교육과정의 정의를 적고 싶을 것이다. 한번 적어보기 바란다.

요약

저자는 이 짤막한 도입 장에서 두 가지 정의를 추가하면서 끝을 맺으려고 한다. 한 가지 정의는 좀 협의적이고 엄격한 구조주의적이며, 또 다른 정의는 해석에 있어서 상당히 포괄적이며 개방적이다. 아래에서 Arthur Bestor(1955)는 교육과정을 학문적 교과로 한정된 것으로 정의하고 있다.

> "교육과정은 본질적으로 다섯 가지의 커다란 영역 속의 학문 연구로 이루어져야 한다. 1) 모국어의 구사와 문법, 문학, 쓰기에 대한 체계적인 학습, 2) 수학, 3) 과학, 4) 역사, 5) 외국어" *Arthur Bestor(1955)*

Bestor의 시각은 단지 학교의 교과뿐만 아니라 모종의 학교의 교과에 제한되어 있다. 그는 예술, 체육, '생활기능' 과목(운전교육, 워드 프로세싱 등), 학교와 현장 경험, 그리고 오늘날 학교에서 보통 발견되는 기타 교육과정 교과를 배제하고 있다. 이러한 의미에서 그는 우리가 안전하게 교육과정에 대한 협의적이고 엄격한 구조주의적 접근법이라고 부르는 단지 기초교과(the basics)를 강조하는 입장을 취한다. 그러나 무엇이 기초교과인가? 고대 그리스에서 체육과 예술은 기초교과로 여겼다. Aristoteles 자신은 체육이 젊은이들을 양육하는 데에 학문교육보다 더 중요하다고 주장할 정도였다. 그는 도덕교육의 우선권을 체육과 예술 중간에 두었다.

Bestor의 제한적인 기술과 Gay의 광의적인 기술을 비교해 보자.

> "단지 교과 내용이 아니라 학교의 전체 문화" *Gay(1990)*

분명히 Gay는 Bestor와 의견을 달리하는데, 우리가 상상하는 학교에서의 경험과 연관되는 부엌 싱크대를 포함하는 모든 것을 다루는 광범위한 영역을 교육과정에 제시한다. '학교 전체의 문화'에는 분명히 식당, 수업 이동 시 복도에서 나누는 짤막한 대화, 방과 후 운동과 드라마, 등하교 시 버스 타기, 교원노조, 심지어 학생 · 교직원 · 그 외 사람들이 학교에 입고 오는 복장 등이 포함된다. 어떤 것도 제외되지 않는다.

이러한 것이 우리를 어디에 데려다 놓는가? 저자는 우리가 형용사의 보호하에 피난처를 찾아야 한다고 생각한다. 수식어구가 우리를 구조해 준다. 형용사적 시각을 취함으로써 우리는 몇 가지 교육과정을 예컨대 계획된, 기술된, 실행된, 측정된, 경험된, 학습된, 평행한, 임시적, 부수적, 암묵적, 숨은, 영, 특별활동 등으로 다채롭게 기술할 수 있다. 우리는 교육과정을 기술적 · 실제적 · 반성적으로 기술할 수 있다. 우리는 교육과정을 본질주의, 항존주의, 진보주의, 재건주의와 같은 철학적 어구를 사용하여 고려해 볼 수 있다. 우리는 아동-중심, 사회-중심, 지식-중심과 같이 하이픈을 사용한 수식 어구를 제시해서 이러한 과정에서 한 단계 더 나아갈 수 있다. 이러한 각 수식 어구는 교육과정의 다면적인 성격에 특정한 시각을 제공한다. 이러한 모든 것은 확실히 말장난 이상이며, 다음의 여러 장에서 고려해야 할 문제인 것이다.

생각해 보기

- 다음과 같은 세 가지 '중심(center)' 에 대한 당신의 상식적 견해는 무엇입니까?
    - 학습자중심
    - 사회중심
    - 지식중심
- 위의 각 영역이 우리가 연구할 여러 모델에 의해 어떻게 개념화되는지에 관해 어떤 것을 알고 싶습니까?

제 2 장

행간 읽기

마땅히 행할 길을 아이에게 가르쳐라.
그리하면 늙어도 그것을 떠나지 아니하리라.

잠언(Proverbs) 22:6

인류의 역사에서 가장 광범위한 사고의 변화 중 하나는
교육의 기초로서 아동의 자유에 대한 현대적인 관점이다.

A. S. Neill

계획된 교육과정과 경험된 교육과정

1장을 읽으면서 당신은 일부 교육자들이 교육과정을 실행되어야 할 것, 즉 '계획'으로 생각하고 있음을 목격했다. 다른 교육자들은 교육과정을 실제적으로 일어난 것, 즉 '경험'으로 보고 있다. 처방으로서의 교육과정과 기술로서의 교육과정을 선택해 보시오. 이러한 문제를 보는 방식은 의도와 결과로 보는 것이다. 그러나 특히 최근의 결과에 기반을 둔 교육과 관련하여 '결과'라는 용어의 사용은 혼란을 야기했다. 만약 우리가 결과를 실제로 실행되는 것으로 본다면, 우리는 이 용어를 경험적 의미에서 사용하는 것이다. 반면에 우리가 숙달될 기능과 지식에 대한 예상을 의미한다면, 우리는 실제로 이 용어를 계획된 교육과정의 관점에서 활용하는 것이다.

당신은 교육과정이 계획되거나 경험된 것으로 모두 이루어질 수 있다고 생각할 수도 있다. 분명히 이것은 사실이지만 불가피하게 모종의 질문이 제기되어 이러한 상황을 복잡하게 만든다. 예컨대 누가 그러한 계획을 세워야 하는가? 교육과정 개발자? 주 교육국 관계자? 교사? 학생? 교과서 출판사? 이 질문의 핵심은 외부 전문가 또는 교육과정 운영자가 계획에 가장 적합한지의 여부인 것이다. 그리고 만약 우리가 계획된 교육과정을 고려하고자 한다면, 누가 발생하는 일에 대한 설명을 제공할 것인가? 교사? 학생? 훈련된 관찰자? 여러분은 특정 사건에 대한 목격자의 진술에 익숙할 것이다. 필자는 목격자들의 설명이 매우 달라서 실제로 그들이 같은 사건을 목격했는지 여부에 대해 당신이 의구심을 갖는다고 확신한다. 교실과 같은 복잡한 장소에서의 경험에 대해 정확하고 성실하게 설명하는 것을 상상해 보라. 그것은 쉬운 일이 아니다.

협의적 정의와 광의적 정의

1장에 나타난 또 다른 분명한 견해차는 '엄격한 구성주의'와 '생활 경험' 간의 논쟁이다. 엄격한 구성주의는 교육과정을 교수요목으로 정의한다. 보통 이것은 분과형 교과가 모종의 범위와 계열의 형태로 전달된다는 의미이다. 생활경험주의자들은 특히 시간이 지나면서 발달되는 개인 또는 집단의 감정, 지각, 태도를 고려하여 교육과정을 더욱 포괄적으로 정의한다. 어떤 의미에서 이러한 차이는 경험에서 독립적으로 존재하는 객체로서의 교육과정 개념과 개인과 집단의 주관적 경험으로서의 교육과정 개념을 시사한다. 첫 번째 정의는 같은 교육과정을 여러 번 여러 장소에서 가르칠 수 있다는 것을 의미한다. 지리학, 분수, 미국문학 등이 그러한 예이다. 두 번째 정의는 어떤 교육과정이든지 위치지어 있고 특유하며, 특정한 환경에서 경험되는 방법과 동떨어진 교육과정은 없다. '같은' 주제에 대한 수업 또는 두세 개 절을 가르친 사람들은 여러분이 교과를 가지고 경험한다고 말할 것이다.

위에서 제시된 논쟁은 해묵은 논쟁이다. 우리가 할 수 있는 최선은 개인적으로 합의적으로 반성과 평가를 토대로 해결하는 것이다. 좋은 교사들은 각 진영에서 발견되어야 하고 계속 발견될 것이다. 선택을 감안한다면 대부분의 교사들은 양자 모두를 채택할 것이다.

양육하기와 이끌어 내기

교육과정이 무엇이고 어떻게 이해되든지 간에, 일과에서의 실제적인 일이 남아 있다. 교사들은 실천가이다. 그들은 타인을 양육하고, 격려하며, 응답하는 데 하루 대부분을 보낸다. 교사는 수많은 질문을 받고 응답한다. 자신의 일이 그저 또 하나의 직업이라고 생각하는 교사를 만나기는 어렵다. 모든 수준에서 교사는 '양육하고(training up[bring up]: 라틴어로 *에듀카레*[educare])' '이끌어 내는(leading forth: 라틴어로 *에듀세레*[educere])'라는 두 가지 의무를 수행해야 한다. 철자가 매우 비슷하지만 의미가 매우 다른 이 두 가지 라틴어는 교육적 경험의 기초이다. 교과가 분과형이든 통합형이든 교사는 담당 학생들을 인간답게 만들고 자유를 부여한다. 좋은 교수(teaching)는 양자를 포함한다.

어떤 교육과정이든지 한 가지 동기 이상으로 가르친다. 예컨대 아이들에게 읽기를 가르치는 교사는 또한 예의 바르게 행동하고, 지시를 따르고, 타인을 존중하고, 소유물을 존중하고, 자제심을 발휘하고, 공부와 즐거움을 위해 독서하도록 가르친다. 우리는 이러한 교육과정의 목적에서 '양육하는' 일을 볼 수 있는데, 다시 말하면 교육과정을 이용해서 교실에서 시민사회를 만드는 것이다. 또한 우리는 일단의 학생들을 '이끌어 내는' 교사를 상상할 수 있다. 이들 학생은 시간이 지나면 보상을 가져오는 평생 동안 추구하는 일로서의 독서라는 진귀한 경험을 하는 자신을 발견하며, 또한 심오한 사색가, 반성자, 가치 있는 문헌을 읽은 결과로서 더 훌륭한 존재가 될 것이다.

'양육하기'라는 교육과정의 개념은 성인 주도적이며, 젊은이들을 인간답게 만드는 데 공헌한다. 아무튼 교육과정은 관리되어야 한다. 학생들이 성숙한 전문가들의 안내하에 갖는 경험은 이상적으로 학문적 지식과 기능을 향상시킬 뿐만 아니라, 타인을 의식하고 생활에서 자제심을 발휘할 필요가 있는 선량한 시민을 만든다. 이것은 가장 기본적인 의미에서 자제와 책임의 교육과정이다. 이러한 학교생활의 측면은 그 속에서 긍정적 효과를 보는 사람들에 의해 찬양되고, 학교에서의 경험을 학생들이 현상을 유지하도록 기본적으로 훈련받고 유순하게 복종하도록 배우는 장으로 보는 사람들에 의해 비난받는다.

'이끌어 내기'라는 교육과정은 성인 주도적이 아니라 성인 촉진적이다. 그 의도는 학생들에게 자유를 주고 가능성을 감지시켜 주는 것이다. 학교에서의 경험은 학생들로 하여금 자신들이 생활에서 무엇이 될 것이며 어떻게 공헌할 것이며 왜 자신들을 필요로 하는지를 꿈꾸게 하는 정도만큼 성공적이다. 이끌어 내기라는 교육과정은 모험하기, 지적 · 도덕적 도전, 자유와 기회의 교육과정이다. 우리는 물리교사의 영향 때문에 과학자가 되기 원하는 학생과 교사의 지원과 격려 때문에 자신의 예술가적 재능을 발견하는 아동에게서 이러한 교육과정의 이미지를 본다. 그리고 우리는 팀을 구성해서 지역사회 프로젝트에 참여하는 학생들과 대리로서가 아니라, 직접적으로 시민성을 배우는 학생들의 경험에서 이끌어 내기라는 교육과정의 이미지를 본다.

요약

의도적 교육과정은 한편으로 자유와 기회의 토대 위에 세워져야 하며, 다른 한편으로 책임과 자제 위에 세워져야 한다. 이러한 이중적 기능은 얼핏 보면 대립적이고 모순적으로 보인다. 실제로 이러한 것은 동전의 양면처럼 보완적이다. 필자는 교육과정이 그러한 적절한 균형 없이 그 잠재성을 발휘할 수 없다고 주장한다. 사회과학의 시스템이론은 예컨대 교실 및 학교와 같은 복잡한 시스템이 토대가 견고하게 고정되고 상부가 열려 있을 때 가장 잘 기능한다고 우리에게 알려 준다. 견고한 토대는 학생들에게 질서 있는 삶을 영위하는 데 필수적인 예언 가능성, 안정성, 일관성을 제공한다. 반면에 시스템의 개방성은 다양성, 개인차, 창의적 노력, 위험 부담, 자아실현 기회를 제공한다. 이것은 확고하지만 열린 시스템인 자유와 기회, 책임과 자제라는 보완적 목표를 동시에 일어나게 하는 비밀이다.

이러한 점을 염두에 두고 교육과정이 개발될 필요가 있다. 토대에는 몇 가지 가정과 규칙이 있다. 예컨대 학생들이 자료를 충실히 공부하며, 토론과 활동에 대해 참여적 태도를 취하며, 타인을 존경으로 대하고, 자제심을 발휘하며, 몇 가지 간단한 규칙을 준수하도록 기대한다. 상부는 주도권, 탐구, 개인과 팀의 노력, 창의성, 다른 흥미, 다양한 학습 방법을 권장하는 개방성이 존재한다. 이것은 협의적 기능(교수요목)과 광의적 기능(학교에서의 경험)을 마련해 주는 교육과정을 우리에게 일임한다. 이것은 교사와 전문가들에 의한 사전 계획은 물론 경험의 구체화에 학생들이 참여하는 것을 포함하는 교육과정인 것이다.

생각해 보기

우리가 교육과정 모델에 대한 주요 질문을 고려하기 전에, 자신의 질문에 대해 잠시 고려해 보시오.

- 두 가지 기능에 대한 당신의 의견은 어떻습니까?
- 이제까지 당신의 경험과 아이디어를 토대로 다음의 각 기능이 포함되거나, 아니면 포함되지 말아야 하는지에 대해 기술해 보는 시간을 가지시오.
  - 교수요목
  - 학교에서의 경험

제 3 장

몇 가지 질문

대답보다는 몇 가지 질문을 아는 것이 낫다.

James Thurber

교육과정을 시작하면서 질문의 관점에서 접근하는 것이 유용하다. 질문은 실제로 중요한 것에 관한 것이어야 한다. 질문은 우리가 교육에 관해 믿는 것의 일종의 구조 또는 본질을 제공해야 한다. 요점은 우리가 공통된 응답에 이르는 것이 아니며, 모든 세부 사항에 동의하는 것도 아니고, 교육과정의 성배(Holy Grail)를 찾는 것도 아니다. 오히려 요점은 적어도 우리가 마찬가지의 중요한 질문을 계속하게 되는 것이다. 이 장의 목적은 누가 참여하며 어떻게라는 교육과정의 성격에 관한 핵심적 질문을 제기하는 것이다. 우리는 목적의식인 왜 우리가 하는 방식으로 교육과정에 접근하며, 마지막으로 우리가 이것을 통해 이루고자 희망하는 것이 무엇인지를 다룬다.

교육과정의 목표는 무엇인가?

우리는 많은 시간 계속하여 매일, 매년 동안 학생들을 학교에 머물게 한다. 학교는 아동과 청소년들이 소비하는 시간의 양적 측면에서 텔레비전 시청 다음에 위치한다. 텔레비전 시청은 주로 자발적으로 이루어지는 반면 학교는 필수적으로 요구된다. 우리가 학교를 필수로 요구하는 사실은 학교에서의 경험이 여러 가지 면에서 가치가 있다는 것을 의미한다. 이러한 사실은 몇 가지 기본적인 질문을 제기한다. 우리는 무엇을 이루기 위해 노력하는가? 다른 곳보다 학교에서의 경험을 통해 어떤 것을 더 잘 할 수 있는가? 학교생활이 어떻게 사람을 변화시켜야 하는가? 성공적인 학교 졸업생의 프로필은 무엇인가? 이러한 질문은 학교 목표의 구조와 교육과정을 언급한다.

학교와 교육과정을 다음의 네 가지 주요 목표를 향상시키는 학교교육의 중심적 존재로 여기는 것이 보통이다. 목표는 학교교육에 대한 우리의 공유된 비전을 보여 준다.

- 학식
- 참여적 시민성
- 자아실현
- 직업 기회

모든 교육과정의 교과는 네 가지 목표를 향상시키는 데 책임을 져야 하는가? 모종의 교과는 다른 교과보다 일부 목표에서 공헌할 수 있는가? 네 가지 목표는 너무 많은가? 여러분은 이러한 것이 심지어 우리가 근거로 하는 목표가 되어야 하는 데 동의하는가? 만약 우리가 우리 자신을 네 가지 목표에 한정한다면, 다른 어떤 목표가 배제되는가?

만약 우리가 목표의 구조를 심각하게 받아들인다면, 그것은 매일 일어나는 것의 토대가 되기 때문에 중요하다. 목표는 중요한 것에 관한 장기의 전략적 토대를 보여 준다. 이것이 바로 목표가 분명해야 하고 적어야 하는 이유이다. 목표에 대한 명세표는 무시되는 경향이 있다. 보통 분명하지 않은 목표는 의식하지 못한다. 때때로 장기목표(goal)와 단기목표(objective)가 같은 것인지 여부에 대한 질문이 제기된다. 필자는 그렇게 생각하지 않는다. 장기목표는 전략을 나타낸다. 단기목표는 전술을 나타내거나, 우리가 어떻게 일상적으로 전략을 달성하는지에 관한 것이다. 장기목표와 단기목표 간의 관계는 필수적으로 공생적이다. 이들 목표는 서로 의존하지만, 장기목표는 더 근본적이다. 왜냐하면 단기목표가 끝까지 버티도록 돕는 반면에 장기목표는 방침을 정하기 때문이다.

어떤 지식이 가장 가치 있는가?

이 난해한 질문은 영국의 철학자 Herbert Spencer가 19세기 중반에 논문 형식으로 제기하였다. Spencer는 스스로 변화하는 세계를 조사하였다. 가장 극적이고 분명한 변화의 효과는 확실히 산업혁명이 야기한 변화였다. 그러나 그 외의 다른 예로서 종의 기원과 진화에 대한 연구, 수많은 순수과학과 응용과학의 발견 등이 있었다. 만약 세계가 더 이상 변화하지 않고 고정된 장소가 아니라고 여겨지면, 학교교육과정에 대한 변화의 시사점은 무엇이었나? 물론 만약 Spencer가 오늘날 살아 있다면 사물의 이치에 대한 변화의 가속도적 비율에 감명받을 것이다. 그의 기념비적 논문이 '어떤 지식이 가장 가치 있는가?'라는 제목으로 1859년에 출판되었다. 같은 해에 Charles Darwin의 『종의 기원(On the Origin of Species)』이 출판되었다. 또 신기하게도 같은 해에 미국사에서 최고의 교육철학자로 여기는 John Dewey가 태어났고, 흔히 미국 공립학교 운동의 아버지라고 부르는 Horace Mann이 사망하였다.

어떤 내용을 포함하고 포함하지 않는 것은 교육과정의 질문에서 특히 어려우며, Spencer 시대보다 훨씬 더 어려운 질문이다. 예컨대 만약 우리가 유전학 연구의 급속한 발전만 고려한다면 생물학 교육과정은 날마다 바뀐다. 지도가 새로 작성되고 정치 체제가 부침하면서 새로운 장이 역사 교과서와 지리 교과서에 추가된다. 전보다 더 많은 장편소설, 단편소설, 희곡, 시가 창작되고 출판되며, 이러한 것은 이미 문학의 정전에 있는 것과 교육과정에 포함되기 위해 경쟁한다. 수학은 매우 급속한 비율로 진보되어서 대부분의 수학자들도 심지어 수학 고등 저널에 실린 논문을 이해하기 어렵다고 한다.

그래서 만약에 우리가 교육과정을 개정한다면 먼저 우리가 결정해야 하는 사항인 어떤 지식을 학교에서 가르쳐야 할지를 새롭게 결정해야 한다. 우리는 과거의 교과를 계속 여느 때와 같은 위치에 두어야 하는가? 우리는 과거의 교과를 같은 위치에 두지만 근본적으로 재정의해야 할 것인가? 우리는 교육과정에서 시효가 다 끝났다는 생각으로 모종의 교과를 제외시켜야 하는가? 어떤 새로운 교과가 추가되어야 하는가? 학생들은 철학을 공부해야 하는가? 게임이론을? 종교를? 건축을? 앞으로 광범위하게 수용될 교과의 좋은 예는 지구과학과 우주과학이다. 흔히 여기에 대한 한 가지 이유는 역사적이다. 간단히 말하면 생물학, 화학, 물리학 계열이 중등학교 교육과정에 먼저 자리를 잡아서 지구과학과 우주과학에 대한 여지가 남아 있지 않다. 지구과학과 우주과학이 생물학, 화학, 물리학과 같은 자리를 차지하여야 하는가? 이러한 질문을 넘어서 학교 교육과정이 분과 이외의 모종의 토대에서 접근되어야 하는가?와 같은 질문이 필요하다.

미래에 대한 예측

당신은 어떤 지식이 가장 가치 있는지에 대해 고려할 때 미래에 대한 경험에서 나온 추측과 확률적 시각에서 고려할 필요가 있다. 21세기가 전개되면서 학생들은 어떤 지식을 필요로 할 것인가? 오늘날 학교에 입학하는 학생들은 22세기에 가까운 시기에 은퇴할 것이다. 어떻게 우리가 심지어 그들이 필요로 하는 지식이 무엇인지 알 수 있을까? 이것은 항상 교육자들에게 요구되는 질문이었지만, 오늘날 이러한 요구는 고조되고 있다. 왜냐하면 Spencer가 150여 년 전에 목격했을 때에 비해서 현재는 변화의 속도가 매우 빠르며 가속도적인 비율로 변화가 진행되기 때문이다.

어떤 가치를 가르치고 배워야 하는가?

이러한 질문에 대한 한 가지 대답은 가장 중요한 가치가 무한하다는 것이다. 이러한 가치에는 정직, 성실, 정의, 용기, 의무, 동정 등이 있다. 그러나 우리가 일련의 존중할 만한 가치에 대해 동의를 한다고 해도, 우리는 이러한 가치를 어떻게 가르치고 어떻게 배워야 하는지에 대해 동의할 수 있을까? 우리가 지식과 가치를 습득하는 방식에 대한 과정은 마찬가지로 중요하다.

흔히 여러 가지 가치는 잠재적 교육과정 또는 부가적 교육과정이라고 부르는 것을 통해 계속 교육되고 학습된다. 이러한 사고를 감안한다면 어떤 교사의 행동과 학생의 행동이 기대되어야 하는가? 어느 정도로 교실에서 통용되는 이러한 가치는 그렇게 많이 옳거나 틀리지 않고, 단지 '우리가' 일을 행하는 방식인 문화적 규범 이상을 나타내는가? 예컨대 교사는 학생이 솔직한 질문에 대답할 때 교사 자신의 눈을 똑바로 보기를 기대한다. 그러나 사람의 눈을 쳐다보는 것이 아마도 모종의 문화 집단에서 기대되는 것 이외에는 정직, 성실 등과 관련이 있다는 경험적 증거는 없다.

발언, 권력, 권위, 상호 협동성, 자아실현, 움직임의 자유라는 가치는 사소한 문제가 아니다. 그러나 얼마나 자주 이러한 가치가 교육과정 개발에서 문제로서 제안되는가? 어느 정도로 이러한 가치가 연령 및 발달과 관련되는가? 우리가 어떤 가치가 교육되고 학습되어야 하는 문제를 고려하면 할수록, 우리는 분명한 문제도 있고 애매한 문제도 있음을 안다. 그러나 많은 가치가 전혀 검토되지 않는다. 수십 년 전에 교육과정 연구자인 John Goodlad(1984)는 교사들이 학생들보다 3:1로 말을 더 많이 한다고 지적했다. 이것은 가치를 나타낸다. 그것은 좋은 가치인가? 그것은 변화되어야 하는가? 보통 교사들은 약 25:1로 학생들보다 적다. 그래서 Goodlad가 제시하는 숫자는 실제로 학생들에게 말을 할 시간을 많이 주지 못한다는 것을 의미한다. 그러나 우리는 지능과 말이 상호 발달한다는 것을 안다. 그리고 인간은 말하고 스스로를 표현할 필요가 있다. 그러나 일부 교사들은 그것을 방과 후까지 기다릴 수 있는 것이라고 생각한다.

마지막으로 문화적 감수성이 적절한 가치에 대한 질문에 대답하려고 하는 데 어느 정도로 작용을 해야 하는가? 학교가 인구의 다양성과 변화하는 사회 규범에 더 많이 반응하게 되는 만큼, 우리는 끊임없는 변화 상태 속에서 행동과 기대를 목격한다. 일부 사람들에게 이러한 변화는 기준의 저하를 보여 주며, 다른 사람들에게는 이러한 변화는 오랫동안 지연되었다.

어떤 본질적인 기능이 문제인가?

교육과정은 지식과 가치에 토대를 두지만 또한 기능(skills)에도 토대를 두어야 한다. 기능은 노하우에 관한 것이다. 교육과정에서 발견되는 기능은 선을 따라 자르기 위해 가위를 사용하는 방법부터 요령 있게 설득적으로 당신의 아이디어를 제시하는 방법까지 이른다. 기능은 나누기에서 제수를 역으로 하고 곱하기를 알며, 회화에서 형태, 질감, 선, 원근법을 구분하는 능력을 갖는 것이 포함된다. 기능에는 지적 기능, 사회적 기능, 신체적 기능, 정서적 기능이 있다. 학교는 이러한 기능 모두를 가르칠 수 있고 또 가르쳐야 하는가?

- 어떤 기능이 모종의 교과적 맥락에서 특히 관련이 있는가?
- 교육과정에 공통적인 몇 가지 기능이 있는가?
- 어떤 기능을 직접적으로 가장 잘 배울 수 있는가?
- 어느 정도로 기능이 발달적이고 연령과 관계가 있는가?
- 교육과정이 일련의 학습된 기능과 다름없을 때 어떤 일이 일어나는가?

◆ 교육과정에서 과도한 기능 강조가 어느 시점에서 교육을 훈련으로 환원하는가?

사회에 대한 적절한 관점은 무엇인가?

적어도 처음에 이것은 교육과정에 대한 질문이 되지 못하는 것처럼 보일 수 있다. 그러나 결국 학교는 사회의 대행자(agent)이며 더 큰 사회의 일부분이다. 그래서 결국 우리는 학생들에게 물려주려는 사회를 고려해야 한다. John Dewey는 학교가 실제로 사회의 축소판이며, 민주적 형태를 갖추어야 한다고 자신의 견해를 매우 분명히 하였다. 왜? 왜냐하면 그러한 사회가 그가 선호한 사회이며, 학교는 생활을 위한 준비가 아니라 학교 자체가 생활이라고 주장했다.

구소련과 현재 러시아의 학교에 대한 필자의 관찰을 보면, Dewey의 사회에 대한 개념은 구소련과 현재의 러시아와 매우 달랐다. 필자는 러시아인들이 자신들의 학교가 축소판 민주주의가 되는 것을 원했고, 현재 원하고 있다고 납득시킬 만한 것을 목격하지 못했다. 그러면 우리는 어떤 사회를 원하는가? 어느 정도로 학교에서 그러한 사회를 실행하는 것이 그러한 사회가 실현되게 할 수 있을까? 바꿔 말하면 학교 교육과정이 적절한 사회가 어떤 것일지에 대한 학생들의 개념을 형성하는 힘을 가지고 있는가? 학생들은 더 큰 사회에서 자신들의 학교에서의 경험을 반복할까?

사회의 정치적 · 사회적 조직에 대한 질문을 넘어서 학교는 학생들이 생활에서 성공하는 것을 돕기 위해 무엇을 해야 할까? 만약 사회가 문해, 숫자 세기, 역사 지식, 과학 지식을 가치 있게 여긴다면, 이것이 교육과정에 주는 시사점은 무엇인가? 만약 사회가 행복의 추구, 개인의 자유, 진정한 공동체를 가치 있게 여긴다면, 이것이 교육과정에 의미하는 것은 무엇인가?

학생에 대해 어떤 것을 신뢰하는가?

우리는 학생들이 실제로 배우고 싶다는 것을 믿는가? 우리는 학생들이 자연적으로 호기심이 많은 탐구자라고 믿는가? 우리는 학생들이 함께 공부할 필요가 있다고 믿는가? 우리는 각 학생이 다르다고 믿는가? 우리는 모든 학생들이 성공할 수 있다고 믿는가? 그렇다면 정확히 우리가 의미하는 것은 무엇인가? 우리는 학생들이 지식을 자력으로 발견하고 습득하여야 한다고 믿는가?

Bernard Weiner(1995)의 귀인이론은 우리가 불가항력적으로 모종의 동기를 타인의 행위에 귀인시킨다고 제안하고 있다. 그렇게 하는 동안 우리는 왜 사람들이 모종의 방식으로 행동하는지에 대해 옳든 그르든 신념을 형성한다. 교실에서 교사는 왜 학생들이 그런 식으로 행동하는지에 대해 모종의 지각을 갖게 된다. 역사학자 Francis Fukuyama(1995, p. 31)의 다음과 같은 진술을 고려해 보자. 그의 진술을 읽으면서 '사회'를 '교실'과 '학교'로, '노동자'를 '교사'와 '학생'으로 바꿔 보자.

> "고신뢰 사회는 더 많은 책임을 낮은 수준의 조직에 위임을 해서 직장을 집단중심의 더 유연한 토대 위에 조직한다. 이와 대조적으로 저신뢰 사회는 노동자들을 일련의 관료적 지배로 울타리를 치고 고립시킨다."

신뢰가 높은 교육과정은 무엇인가? 그것은 어떤 모습인가? 그것은 보통의 비즈니스와 어떻게 다른가? 사려 깊은 교사는 자신이 가르치는 학생들에 대한 인식이 교과 그 자체보다 아마 그 이상으로 교육과정의 기초가 된다는 것을 안다.

다원주의 사회에 주는 시사점은 무엇인가?

우리는 개인과 사회에 대한 몇 가지 질문을 제기하였지만, 이러한 질문은 당신이 일반적인 의미에서 무엇이 적절한지에 관해 생각하도록 의도되었다. 다음의 내용을 잠시 생각해 보자. 1940년의 미국의 인구조사는 우리에게 보통 미국의 가정에 3명의 성인이 살고 있다고 알려 주었다. 더욱이 이러한 인구조사는 이들 성인 중 적어도 1명 그리고 흔히 2명이 일을 하거나 집에 머문다고 밝히고 있다. 2000년의 인구조사는 다른 양상을 보이고 있는데, 보통 2명 이하의 성인이 가정에 살며, 방과 후 아이들을 집에서 맞이해 주는 성인이 없을 가능성이 매우 높다는 점을 보여 주고 있다. 아동기와 청소년기의 관리와 지원의 차이에서의 변화가 주는 시사점을 상상해 보자.

지난 세대에 내재하는 미국 사회 내의 인종 구성의 변화에 대해 잠시 생각해 보자(〈표 3-1〉을 보라). 미국은 여러 해 동안 이민 물결로 인해 계속 부강하였으며 결과적으로 다원주의 사회가 되었다. 더욱이 오랜 기간 동안 존속되어 온 귀중한 교육적 특혜를 박탈당한 일부 사회집단이 이제는 더 충실히 미국 사회에 참여하고 있다. 예컨대 아프리카계 미국인들은 청교도들이 매사추세츠 주의 플리머스(Plymouth)에 식민지를 건설하기 1년 전인 1619년에 영국의 식민지인 미국에 정착하기 시작했다.

어떤 교육과정이든지 참여하는 사람들과 동떨어져 존재할 수 없다. 미국의 교육은 변화하고 있으며 다원주의 사회의 젊은이들의 요구에 부응하기 위해 계속 변화되어야 한다. 각 개인과 집단에 대한 공정하고 동등한 대우가 목표로 남아 있는데, 아직 이러한 목표를 달성하기

〈표 3-1〉 미국의 인종과 민족의 구성, 1999년과 2025년

민족 집단	1999년	2025년	변화 비율(%)
코카서스계 미국인	71.9%	62.0%	−10.1%
아프리카계 미국인	12.1%	12.9%	+0.8%
라틴계 미국인	11.5%	18.2%	+6.7%
아시아계 미국인 및 기타	4.5%	7.0%	+2.5%

출처: 미시건 대학교 사회과학 데이터 분석 네트워크에서 인구통계학자 Bill Frey와 동료들이 공동으로 인구조사국과 연구. 2003년 5월 10일 www.prb.org. 참고 가능.

에는 요원하다. 교육과정에 대한 이러한 것이 주는 시사점에 대한 질문이 중대하게 다가오고 있다.

요약

이 장에서 제기된 질문은 최종적인 해답보다는 이해를 찾으려는 교육과정에 관한 대화를 촉진하기 위해 의도된 것이다. 이러한 대화는 지속적이고 개방적이다. 교육과정의 개선에 대해 심각한 어느 교수진이건 간에 다음과 같은 문제를 고찰할 필요가 있다. "우리는 학생들에 대해 무엇을 믿고 있나?", "우리는 교육과정에 대해 무엇을 믿고 있나?" 더욱이 학생들 자신은 이러한 중요한 질문에 대한 자신들의 아이디어를 생각해 보고 표현해 보도록 도전받아야 한다.

학교생활에는 즉시성이라는 의식이 있다. 교사와 학생은 자신들이 하고 있는 일에 대해 반성할 시간이 거의 없다. 오히려 대부분의 시간은 상황에 반응하고 응답하는 데 보낸다. 만약 우리가 실제로 교육과정

에 대한 경험을 더 의미 있고, 유용하고, 진실되게 하기를 원한다면, 목적에 대한 질문에 응답하도록 노력하고 자극하는 것은 사치가 아니다. 그러한 반성적 질문과 평가의 필요성을 받아들이는 교사와 학생은 단순히 가르치는 장소로서의 학교에서 학습 장소로서의 학교로 경계선을 넘어섰을 것이다.

생각해 보기

지금쯤 당신은 각 장의 '생각해 보기'라는 맺음말이 반성적 과정이라는 점을 인식하였을 것이다. 여러분의 경험에 대한 구체적인 사례에 대해 생각하고 여러 사례가 이러한 교육과정 모델에 어떻게 맞는지 확인하도록 요구하는 것은 별도로 하고, 또한 우리는 당신이 자신의 목적의식을 고려하도록 요구해야 한다. 위에서 언급한 것처럼 흔히 이것은 수업시간의 도전과 요구에 맞추려는 절박함 속에서 사치로 여겨진다.

그러면 당신이 교육과정 여행을 계속하기 전에 가장 기본적인 반성적 질문을 해 보시오.

- 학교는 왜 존재하는가?
- 당신은 왜 교육자가 되었는가?
- 각 장의 마지막에 있는 이러한 연습을 위해 당신이 시간을 내는 것이 쉬운가, 어려운가?

다음은 미국의 소설가 John Knowles(대표적인 작품은 『분리된 평화』 – 역주)가 1981년에 쓴 『Peace Breaks Out』이라는 성장소설(coming-of-age novel)로서, 주인공이 제2차 세계대전 후 모교인 데번스쿨(Devon School)에서의 삶을 이야기하는 장면이다. 전쟁 영웅으로서 훈장을 받은 Pete Hallam은 모교에서 교직을 시작하는데, 대부분의 교사들이 잊지 못하는 경험인 수업 첫날을 맞는다.

> 이틀 후 개학일에 피트(Pete)는 미국사 강의를 듣는 12명의 학생들과 만났다. 미국사 과목과 관련한 문학사(B.A.) 학위만으로는 데번스쿨의 교사로서 자격이 미달되었음에도 불구하고, 예외가 인정된 것을 안 그는 이러한 상황을 감당해 나갈 수 있다는 생각이 들었다.
>
> 그 한 가지로 데번스쿨에서 학생들과 수업 모임을 위한 물리적 배치가 마음에 들었다. 교사와 학생들은 타원형 책상에 둘러앉아서 미국사를 공부했다. 그는 모세가 시내 산에서 계명을 전하듯이 학생들에게 강의하지 않았다. 그들은 거의 같은 수준에서 만나 함께 토론했다. 그는 대학에서 강의를 들었던 한두 명의 엉터리 강사들을 회고하였다. 학문적으로 말해서 교단 위에서 자신의 신분을 망각한 강사들은 별 탈 없이 무사히 넘어갔다. 단조롭게 읊조리며 잘난 체하는 따분한 강사들은 소외되고 무기력한 학생들에게 전혀 다가가지 못했다. 나는 무슨 일이 있더라도 그런 부류의 교사가 되지 않겠다고 다짐했다. 스티븐즈 홀(Stephens Hall)의 양지바른 교실에 놓여 있는 마호가니 책상 주위의 목제 안락의자에 파묻혀 그들은 미국사를 공부했으며, 그는 학생들이 뭔가를 배웠을 것이라고 확신했다.
>
> *John Knowles(1981)*

제 4 장

진보주의 패러다임

내가 생각하기에 전통주의 교육의 결함이 학생의 학습과 연관된 목적 설정에 학생의 적극적인 협력을 확보해 주지 못하는 데 있다면, 진보주의 교육철학은 학습과정의 활동을 안내하는 목적 설정에 학생 참여의 중요성을 강조한다.

John Dewey

진보주의 패러다임의 간략한 역사

흔히 본질주의 또는 '구' 교육과정과 '신' 교육과정의 대조점을 의미하는 진보주의 패러다임은 사실상 여러 가지 형태로 수세기 동안 전해 내려왔다. 1세기에 로마의 교육자 Quintilian(라틴어로는 퀸틸리아누스라고 함－역주)은 '흥미설(Doctrine of Interest)'을 개진했는데, 그의 요점은 교육과정이 학습자의 흥미로 결정되어야 이상적이라는 것이었다. 이러한 아이디어는 수세기 후에 진보주의 교육사상의 초석이 되었다. Quintilian은 학생들이 원하는 것을 공부해야 한다고 기술했는데, 그 이유는 학습자에게 강요된 교과는 긍정적인 효과가 지속되지 않고, 부정적인 효과가 오래 지속되기 때문이다. 또한 그는 체벌이 아동의 마음을 둔감하게 하고 교육적으로 건전하지 못하다고 결론을 내렸다. 이러한 아이디어는 시간이 지나서 진보주의 세계관으로 자리 잡게 되었다.

18세기와 19세기에 Jean-Jacques Rousseau와 Johann Pestalozzi, Friedrich Froebel과 같은 선각자들은 낭만주의가 아동중심 학습과 관련이 있다고 찬양하였다. Rousseau의 고전 『에밀(Emile)』은 어린 소년의 가정교사가 서적 중심의 학습보다 경험적이며 연관된 학습을 강조하는 '자연' 교육을 기술하는 소설이다. 심지어 오늘날의 기준으로 보면 Rousseau는 급진적이라고 할 수 있으며, 서적 중심의 학습이 어린이들의 도덕적 · 지적 발달에 부적절하다고 비판하였다.

스위스의 교육자 Pestalozzi는 근대 초등교육의 아버지로 간주되는데, 그는 양육 환경의 조성과 개인의 성장과 발달에 주목하였고 구체적인 경험을 통한 학습을 강조하였다. 사실상 그 당시의 학교는 주로 강제, 억제, 신체적 · 정신적 학대가 대체로 지속되었는데도 불구하고, 교육의 제1원리로서 사랑과 친절을 강조한 Pestalozzi는 많은 추종자들을 거느렸다. 아직도 그의 아이디어는 지속되고 있으며 오늘날 진보주의자들은 이러한 아이디어를 당연시하고 있다.

'유치원' 또는 '아이들의 정원(children' s garden)'의 설립자인 독일의 교육자 Froebel은 놀이의 중요성, 신체 활동, 창의성, 영적 발달의 중요성에 역점을 두고 초기 아동교육을 개혁하였다. Froebel은 아동기를 순진, 경이, 희망의 시기라는 개념을 가지고 아동교육을 개혁한 원형적 낭만주의자였다. 그의 자연과 우주의 영적 통일에 대한 강조는 진정한 교육 개혁에 관심이 있었던 많은 사람들에게 매력 있는 교육적 아이디어로 입증되었다. 그가 설립한 아동양육 및 활동강습소(Child Nurture and Activity Institute)는 머지않아 유치원(Kindergarten)이라는 아름다운 이름으로 바뀌었으며, 19세기와 20세기에 유럽과 미국으로 확산된 초기 아동교육의 모델이 되었다.

미국에서 진보주의 운동은 분명히 이러한 유럽 사상가들의 업적에 토대를 두었지만 자체의 독특한 특징을 띠었다. 이 운동은 19세기에 활기를 띠었으며 급속히 20세기로 진전되어 갔다. 이 운동의 뿌리는 분명히 낭만주의로 거슬러 올라가지만 그 이상의 것을 의미하게 되었다. 시간이 흐르면서 이 운동은 발전되어 낭만주의(romanticism), 행동주의(behaviorism), 실용주의(pragmatism), 사회적 행동주의(social activism)로 다양한 색채를 띠었다. 말할 필요도 없이 진보주의 교육은 사람들에 따라 다양한 의미로 받아들여져서 범주화하기 어려웠다.

1894년부터 1904년까지 John Dewey가 시카고 대학의 실험학교에서 거둔 업적은 민주주의를 위한 교육, 지역사회의 학습 참여, 학생에게 권한 위임, 응용된 문제 해결이라는 아이디어로 전국적인 주목을 받았다. Dewey는 공교육의 사회적 측면을 학문적 측면보다 더 의미심장한 것으로 이해했다. 그는 목적 그 자체로서의 교과 학습을 잘못된 것으로 보았다. 그가 명명한 도구주의 철학은 실제적인 문제 해결을 위한 직접적인 지식과 기능의 응용을 요구했다. 이 책의 후반부에서 설명할 초등학교용 통합과학과 수학 교육과정(USMES: United Science and Mathematics for Elementary Schools)은 학생들의 요구와 흥미에 토대를 두고 현실세계의 문제 해결이라는 Dewey의 아이디어를 부활시키려는 노력으로서 시작되었다. 전해져 내려오는 이야기에 의하면, 실험학교 교장으로서 Dewey가 한 일은 시카고의 어느 창고에 보관되어 있던 테이블을 찾아 구입하는 것이었는데, 그 이유는 일렬로 배열된 책상으로 채워진 전통적 교실은 학교생활에 꼭 필요한 사회화 경험에 배치가 되기 때문이다. 워싱턴 주의 타코마 소재 중학교 수학 교사인 필자의 대학원생은 이러한 역사적 일화에 감명을 받고 Dewey처럼 그대로 실천해 보았다. 필자가 교수-학습에 도움이 되었는지 묻자, 그는 자신이 교실생활에서 내렸던 결정 중에서 가장 잘한 결정이었다고 대답하였다.

Dewey는 교육이 최대한도로 학생의 흥미와 능동적인 탐구에서 비롯되는 계속적인 경험의 재구성에 기초한다고 설득적으로 주장하였다. 그러나 Dewey는 특히 민주주의 사회 건설의 측면에서 '효과가 있는 것' 에 관심이 있는 낭만주의자라기보다는 실용주의자였다. 학교의 경험이 더 정확히 '현실생활' 을 반영해야 한다는 아이디어가 진보주의의 중심적인 주의가 되었고, 미국은 이러한 운동에 독특한 공헌을 하였다. 그러한 생각은 '생기 없고', 분과형 학문과 교과서 위주의 교육과정과는 대조적으로, 당연히 지역사회에 대한 참여, 교육과정에서의 생활 기능, 농업의 응용과정(미국의 미래 농부들), 가정과정(미래의 가정주부들), 집단 및 학교 단위 프로젝트, 학습단원의 통합이라는 아이디어로 안내한다.

Dewey가 시카고 대학의 실험학교에서 수행한 연구 외에, 유명한 진보주의적 실험이 인디애나 주의 게리, 매사추세츠 주의 돌튼, 일리

노이 주의 위넷카, 컬럼비아 대학교의 링컨 학교에서 이루어졌다. 이러한 실험의 공통점은 학습자의 흥미와 주도 강조, 프로젝트학습, 통합학습, 생활 경험, 사회 적응, 과외 활동, 중핵교육과정이 포함된 것이다. 이 운동을 이끈 저명한 지도자로는 Colonel Francis Parker, William Kilpatrick, Harold Rugg, George Counts를 들 수 있다.

Francis Parker는 1870년대에 독일을 여행하며 진보주의 교육이론, 특히 심리학자이며 철학자인 Johann Herbart(1776~1841)를 연구했다. Herbart는 아동 자신의 경험과 새로운 아이디어와 기능의 연관이 중요하다는 점을 강조하였다. Parker는 미국으로 돌아와 매사추세츠 주의 퀸시에서 수많은 혁신적인 아이디어, 특히 Herbart의 경험학습, 비공식수업, 좀 더 친절하고 부드러운 훈육이라는 아이디어를 실천했다. Parker는 1883년부터 1899년까지 쿡 카운티 사범학교(Cook County Normal School)의 교장으로 봉직했고, 1899년에 시카고 연구소를 설립했다. 곧 이 연구소는 시카고 대학의 사범대학에 부속되었다. 이로써 Parker가 John Dewey에게 커다란 영향을 주었음을 알 수 있다.

비록 시간이 흐르면서 Dewey가 Kilpatrick의 아이디어에 동의하지는 않았지만, 컬럼비아 대학교에 재직했던 Dewey의 제자 Kilpatrick은 1918년에 학술지 *Teachers College Record*에 '프로젝트법(The Project Method: 구안법이라고도 함－역주)' 이라는 제목의 논문을 게재하였다. 이 논문에 미국의 교사들이 열광하자 교육학 분야에 있어서 유례가 없는 요청으로 100,000편의 논문을 다시 인쇄하기에 이르렀다. 특히 교과서와 분과형 교과의 교육과정과 대조적으로 Kilpatrick의 의도적이고 능동적인 프로젝트학습(project learning)이라는 아이디어는 즉시 진보주의 교육을 실천하는 데 초석이 되었다.

진보주의 운동의 대안적 형태를 발전시킨 Harold Rugg와 George Counts는 아동중심에 대한 지나친 강조에서 탈피하여 사회적 행동주의의 의제인 재건주의를 주창하였다. 1932년에 발간한 Counts의 저서 『학교가 감히 새로운 사회 질서를 구축할 수 있는가?(Dare the Schools Build a New Social Order?』는 교육자들에게 세계를 변화시키기 위한 행동을 촉구하는 외침이었다. 젊은이들만이 더 나은 세계를 만들 수 있으며, 논리적으로 교사들은 학생들을 동원해서 이러한 이상주의를 이용하여 학교에서의 경험을 사회 전반에 걸쳐 관련되게 만들 필요가 있다. 이 시기는 특히 대공황의 어려움과 회복 불능의 자본주의 체제로 인해 경제 질서로서의 자본주의를 심각하게 의심하던 때였다. Dewey를 필두로 여러 지식인들은 사회주의를 환영했으며, 사회 문제에 대한 해결책으로서 공산주의에 동조하였다. 제2차 세계대전은 이러한 생각을 유명무실하게 만들었으며, 그 후 공산주의는 미국의 교육에서 심각한 주제로서 그 영향력을 행사하지 못했다. 오늘날 사회중심이라는 재건주의의 아이디어는 자신들의 과제를 세계의 변화로 보는 교육자들의 비주류이지만 매력적인 주제로 잔존하고 있다.

1918년에 전국교육협회(NEA: National Education Association)는 중등교육 재조직위원회의 보고서를 발간하였다. 〈표 4-1〉에 중등교육의 7가지 주요 원리가 나열되어 있다.

〈표 4-1〉 중등교육의 7가지 주요 원리, 중등교육 재조직위원회(1918)

건강
기초 과정의 구사
가치 있는 가정의 구성원
직업능력
시민성
여가 선용
윤리적 품성

이 보고서는 젊은이들의 교육은 서적 중심의 학습보다 의미 있는 생활에 필요한 '관련된(relevant)' 경험에 토대를 두어야 한다는 분명한 신호를 보냈다. 이 보고서는 학교 경험의 일부로서 생활적응 과정, 진로지도 과정, 상담 과정과 인문계와 전문계를 갖춘 미국의 종합고등학교의 등장을 예고했다. 또한 이 보고서는 학습단원, 프로젝트학습, 통합교육과정으로 이루어진 중학교(middle school) 운동의 효시였다. 하급고등학교(junior high school)와는 대조적으로 중학교는 진보주의 교육운동에 큰 공헌을 하였다.

8년 연구

1932년에 진보주의 교육협회(PEA: Progressive Education Association)는 이른바 '8년 연구(Eight Year Study)'를 의뢰하였다. 이 대규모 연구는 진보주의 고등학교 출신 학생들이 일반계 고등학교 출신 학생들만큼 대학 공부를 위해 학문적으로 준비되어 있는지 여부를 확인하는 것이었다. 실제로 데이터는 진보주의 고등학교 출신 학생들이 대학 공부를 위해 잘 준비되었으며, 더욱이 진보주의 고등학교 출신 학생들은 정규과목과 병행한 활동 및 과외활동과 같은 대학의 행사에 일반 고등학교 학생들보다 더 많이 참여하였다는 결과를 보여 주었다. 그러나 미국은 이 연구가 끝나갈 무렵 제2차 세계대전에 대비하고 이 연구의 결과에 거의 관심을 보이지 않았다. 그럼에도 불구하고 8년 연구의 결과는 진보주의 방법이 실행 가능함을 보여 주었으며, 학교 교육과정에서 진보주의 교육의 아이디어가 수많은 공헌과 영향을 끼친 점을 간과할 수 없다.

진보주의 운동의 정점은 1918년부터 1930년대까지였다. 현재 진보주의교육협회가 더 이상 존재하지 않지만, 진보주의 교육철학은 학교

교육과정에 계속 중요한 역할을 하고 있다. 진보주의의 영향은 퇴색하지 않고 있으며, 오늘날의 구성주의, 블록타임제(block scheduling: 하루에 교시당 45~55분으로 6~8교시가 이루어지는 전통적인 학교 시간표 대신에 보다 큰 단위 시간[60분 이상]으로 조직하며, 이로 인해 교사는 보다 심도 있게 과목을 가르칠 수 있어서 교시의 수가 줄어들어 수업 이동을 위한 전환 횟수가 감소됨—역주), 선택교과, 무학년제 학교, 참평가와 수행평가, 총체적 언어학습(whole language learning) 등 다양한 형태로 남아 있다.

진보주의 교육과정

진보주의 교육과정은 내용과 기능의 숙달에 대한 경험과 성장 및 발달과정의 질을 강조한다. 흔히 이러한 주요 구분은 간과되며 분명히 구분하지 않으면, 우리들은 진보주의 교육과정을 만들 수 없다. 그러나 무슨 근거로 사람들의 역점이 경험의 질인지의 여부를 결정하는가? 그것은 고유한 학습에 대한 동기를 기초로 학습자의 요구, 흥미라는 아이디어에서 해답을 찾을 수 있다. 아동이 모종의 것을 진정으로 배우기 원할 때 지속적인 성장이 가능하다. 이러한 가정에 의견을 달리하는 사람은 거의 없을 것이다. 이러한 것이 난감한 경우는 학생들이 당연히 무관심할 수 있는 것을 배울 '필요'가 있다는 주장을 할 때이다. 이러한 문제에 대한 진보주의적 답변은 교육과정과 학습경험을 목적이 있고, 매력적이며, 동기를 유발하도록 만드는 것이다.

교사의 역할

교사의 역할은 학습 촉진자이다. 이것은 "무대 위의 현자보다는 옆에 있는 가이드"라는 다소 진부한 표현으로 요약된다. 교사는 가이드로서의 역할을 하며 거의 지시하지 않는다. 교사는 듣지만 거의 말하지 않는다. 교사는 흥미를 끌고, 매력적이며, 자극적인 환경을 조성하기 위해 막후에서 작업한다. John Dewey와 Jean Piaget가 지적했듯이 교수(teaching)는 학생들이 지적 · 사회적 · 도덕적으로 성장할 수 있는 환경을 조성하는 것이다. 그리고 Piaget가 역설했듯이 말하는 것은 가르치는 것이 아니다. 그러한 교육과정은 학습자들이 실험하고, 위험을 감수하고, 주도권을 갖고 실행하기 위해 다양성, 선택, 기회를 요구한다. 진보주의 교육과정에서 강조하는 주요 요소를 요약하면 〈표 4-2〉와 같다.

Dewey는 교사가 학습자가 되고 학습자가 교사가 될 때 가장 좋은 교육이 이루어진다고 주장했다. 이러한 통찰력 있는 진술은 교사에게는 모델링을 의미하며, 학생들에게는 타인들과 공유하는 모종의 것을 가지고 있는 사람들로서 스스로를 표현하는 기회를 의미한다. 또한 이러한 진술은 또래교수, 협동적 노력, 연구하는 교사, 학생들 스스로에 대한 것을 더 많이 알게 되는 가능성을 열어 놓는다. Rousseau는 1762년에 저술한 『에밀(Emile)』의 서문에서 "당신은 확실히 학생들을 모르기 때문에 학생들을 아는 것을 첫 번째 과제로 …"라고 했다.

팀티칭, 팀플랜, 그리고 현장 중심의 의사 결정은 진보주의 교육과정에서 교사의 역할에서 일부분을 차지한다. 교사와 행정가들이 공동의 노력을 할 때 이러한 경험을 교육으로 더 잘 적용할 수 있다. 진보주의 교육과정은 연관된 교육과정이며, 학교에서 교사의 소외와 같은 어렵고 지속되는 문제는 교사 공동체로 전환되어야 한다.

학생의 역할

진보주의 교육과정에서 중심은 학생(들)에게로 이동한다. 이것은 학생의 계획, 학생의 의사 결정, 학생의 학습에 가장 큰 관심이 있다는 것을 의미한다. 주도권은 학생(들)에게 주어진다. 학습은 흥미에 토대를

〈표 4-2〉 진보주의 교육과정의 요소

강조	◆ 경험 또는 과정에 초점 ◆ 통합학습 접근법 ◆ 학습자의 흥미 ◆ 융통성 있는 교육과정 ◆ 발달에 적합한 실제 ◆ 현실세계를 강조
교수	◆ 간접수업 ◆ 촉진자로서의 교사 ◆ 교수의 다양성 ◆ 동료 교수/멘토링
학습	◆ 학생선도/학생주도 ◆ 협동집단 ◆ 지역사회 참여 ◆ 관계적/협동적 ◆ 탐구/발견
환경	◆ 구성주의 ◆ 혼합연령 배치 ◆ 팀 티칭 ◆ 융통성 있는/열린 ◆ 무학년, 자동진급 ◆ 정의(affect)에 대한 강조
평가	◆ 형성적 ◆ 학생주도적 ◆ 실제/수행 ◆ 반성적 사고 ◆ 일화적

두며 협동적 · 관계적 · 프로젝트중심적이다. 성장은 학문적 관점에서뿐만 아니라 정서적 · 사회적 · 도덕적 관점에서 고려된다. 경험의 질에 성패가 달려 있으며, 학생은 질적 수준을 결정하는 데 가장 좋은 입장에 있게 된다. 학생들은 신체의 움직임에서 사회 참여, 학생자치회 활동에 이르기까지 모든 면에서 능동적이어야 한다. 진보주의자들은 자신들의 학급과 학교를 기술하기 위해 '공동체(community: 문맥에 따라 *지역사회*로도 번역—역주)' 라는 용어를 사용한다. 공동체가 의미하는 민주주의, 참여, 공익, 시민성, 단체정신은 이러한 노력에 필수적인 구성요소이다.

학생들은 학문적 지식과 기능뿐만 아니라 문제해결을 위한 도구로서 지식을 활용하도록 기대된다. 문제는 이상적으로 현실생활로부터 비롯되며, 목수, 음악가, 예술가, 과학자가 문제해결을 위해 도구를 사용하는 것처럼, 학생들은 수학, 읽기, 과학, 지리 등과 같은 학문을 목적 그 자체가 아니라 수단으로 사용한다.

환경

진보주의의 학습 환경은 거의 모든 전통적 교육과정 신조에 도전한다. 진보주의는 연령별 학년제 대신에 혼합연령집단, 자동진급, 팀 티칭, 팀 학습, 기타 교사와 학생들이 함께 학습하고 놀이하는 유연한 배치로 학습 환경을 조성한다. 흔히 팀 티칭 및 계획은 협동 작업을 모델링하는 수단뿐만 아니라 교사의 장점을 공유하는 수단으로 활용된다. 흔히 건축학적 의미에서 환경은 특히 움직임의 자유, 표현의 자유, 권한부여의 자유라는 의미에서 개방되는 경향이 있다. 교육적 환경은 정의(affect)에 역점을 두며, 상당한 노력이 환경을 매력적이고, 양육적이며, 일반적으로 학생의 자유를 지원하도록 만드는 데 필요하다. 초등학교 수준에서 그리고 흔히 중학교 학년에서 홍미센터, 취미코너, 워크숍을 위해 할당된 공간을 발견할 수 있다. 교실 또는 학교가 흥미를 끌고, 매력적이며, 학생들의 작품으로 장식되어야 한다는 이러한 개념은 초기 진보주의운동의 아버지라고 할 수 있는 16세기의 유명한 교육자 John Amos Comenius로 거슬러 올라간다.

평가

평가는 형성평가와 개인의 성장에서 실현된 평가에 역점을 둔다. 진보주의 교육과정에서 평가의 주요 목적은 외부 '전문가'의 판단과 학습자를 상하로 분류하기보다는 자기 향상과 집단 향상이다. 일반적으로 평가는 학생선도적(student initiated)이고, 학생감시적(student monitored) 이며, 학생소비적(student consumed)이다. 실제로 별로 중요하지 않은 인위적 성취인 지필식 연습과 암기보다 높은 가치를 갖는 기능, 지식, 판단의 성장을 요구하는 모종의 것을 수행하기 때문에 수행(performance)이 핵심이다. 진보주자들은 성취라는 말보다 성장과 발달을 선호하며, 이에 대한 교사의 보고는 흔히 서사적 · 일화적 · 비공식적이다. 여기서 학생의 역할이 매우 중요하다. 예컨대 학생이 주도하는 학부모회의라는 아이디어는 순수한 진보주의이다. 개인의 자기평가와 협동평가는 진보주의 교육과정의 주요 요소이다. 또한 동료코칭, 동료비평, 집단의 반성적 평가 또한 진보주의 접근법의 일부분이다.

요약

진보주의의 주장은 본래 자유와 기회에 대한 주장이다. 진보주의자들은 권위적 실천, 강제적 학습, 교과를 위한 교과, 학습자의 요구와 흥미를 고려하지 않는 것 등에 이의를 제기한다. 학생들과 교사들이 실험과 위험을 감수하는 환경에서 함께 공부하는 축소판 민주주의 또는 공동체로서의 학교와 교실이라는 아이디어가 진보주의적 비전의 핵심이다. 진보주의에서 교과는 목적 그 자체가 아니라 문제해결을 위한 도구이다. 따라서 교과서와 분과형 교과는 진보주의 교육과정에서 설 자리가 거의 없다. 학생들은 자신들의 학습경험을 계획하고, 실행하며, 평가하는 데 참여할 수 있어야 한다.

미국의 교육에서 진보주의는 낭만주의, 사회적 행동주의(activism), 실용주의 그리고 만약 우리가 진보주의의 역사를 신중하게 검토한다면 행동주의(behaviorism)와는 기이한 혼합을 보여 준다. 진보주의 교육과 서로 관련이 있지만 다른 두 개의 진영은 각각 개인과 그 개인의 자아실현 노력과 더 좋은 세상을 만들고자 하는 집단과 그들의 노력을 강조한다. 이러한 개념은 학습자중심 교육과정과 사회중심 교육과정과 관련된 장에서 충분히 검토될 것이다.

생각해 보기

- 당신은 미국의 진보주의적 이데올로기의 혼합에 동조하는 자신의 신념을 어떻게 보는가?
- 어느 정도로 다음과 동일한 것으로 간주하는가?
    - 낭만주의(romanticism)
    - 사회적 행동주의(activism)
    - 실용주의(pragmatism)

제 5 장

학습자중심 교육과정

학교가 다른 어떤 면보다 아동에게 맞게 만들어진다면, 교육과정은 아동의 요구와 흥미에 의해 결정되어야 한다.

John Darling

학습자중심의 관점과 모델이 교육자들로 하여금 이해하도록 돕는 것이 개별 학습자들(나이가 적든 많든, 학생과 교사-모든 인간처럼)의 독특한 관점과 요구, 능력과 장점이라는 복잡한 배열을 가져온다.

Jo Sue Whisler & Barbara McCombs

이 장의 초점은 학습자중심 교육과정이다. 이 접근법은 흔히 아동중심 교육과정으로 알려져 있으나, 학습자중심 교수-학습에 참여한 많은 사람들이 아동이 아니었기 때문에 약간 오도되었다. 또 다른 용어인 학생중심 교육과정 또한 어느 정도 학생들을 스스로가 학습자이며 학습자가 되어야 하는 교사로부터 분리하는 것처럼 보이는 한계가 있다. 학습자중심 교육과정은 진보주의 교육의 전통에서 발견된다. 분명히 그러한 아이디어와 에너지는 진보주의 이론에서 비롯된다.

이 교육과정의 모델은 고등학교 이후를 포함한 모든 연령과 수준에서 성공적으로 활용되어 왔다. 그러나 이 운동의 선구자들은 유아교육과 십대 이전의 학교교육에 관심이 있었으며, 따라서 현재 모든 수준에서 적용되어 온 대부분의 아이디어는 아동기 교육을 위해 착상되었다.

목표의 구조

학습자중심 교육과정에 대한 목표의 구조를 잠시 검토해 보자. 목표는 실제로 매우 분명하고 학습자중심 옹호자들을 상기하도록 도움을 준다. 그것은 *자아실현*(self-realization)이라는 목표이거나 심리학자 Maslow가 *자아현실화*(self-actualization)라고 부른 것이다. 교육과정의 목표로서 자아실현 또는 자아현실화가 의미하는 것은 자신의 꿈이 실현되도록 개인이 열망하는 자유와 기회를 학교에서 경험하도록 하는 것이다.

자유와 기회는, 특히 전통적인 학교 체제에서 흔히 보이는 규제 및 강제와 반대되는 것으로 학습자중심 교육과정에서 주요 개념이다. 학습자중심 교육과정에서 교사는 각 학습자들의 자아실현 또는 자아현실화라는 분명한 목적을 수용하고 이에 따라서 목표의 구조를 수립한다. 이는 자아실현을 위한 기회가 풍부한 환경을 말한다. 이는 학습자에게 탐구하고, 자신의 호기심에 따르고, 개인의 선택과 책임을 연습할 수 있는 기회를 제공함으로써 각 학습자의 요구와 홍미를 만나게 하는 것을 의미한다. 학습자중심 교육과정의 두드러진 특징을 적어 놓은 〈표 5-1〉을 보라.

학습자중심 교육과정의 정향은 학생들이 실제로 배우고 싶어 하는 것을 학습해야 한다는 흥미설에서 발견된다. 학생이 무엇을 어떻게 배우기를 원하는가? 무엇이 한 개인에게 동기를 유발하는가? 특히 어린 학생들은 그들이 무엇을 요구하고 배우기 원하는지 알 수 있는 능력이 있는가? 교사는 각 학생들이 어떤 흥미를 가지고 있는지 어떻게 알 수 있는가? 어떤 경험이 학습자의 흥미에 가장 도움이 될 것인가? 교사는 자아실현을 향한 학습자들의 성장을 어떻게 촉진할 수 있는가? 학습자중심 교육과정의 초점은 정말로 개인에게, 개인의 꿈과 목적과 흥미에 있다. 다시 흥미설을 생각해 보면 철학자 Rousseau는 학생이 학습하기를 원하는 것을 배우는 것은 맞지만, 오히려 학생들은 교사가 학생들이 학습하기를 바라는 것을 학습하기를 원한다고 기술했다. Rousseau의 진술을 조작적인 것으로 잘못 해석하기 쉽지만, 사실 그는 학생과 교사의 친근하고 다정한 관계의 중요성을 강조하였다. 결국 교사는 학습자가 찾아야 될 경험과 지혜를 가진 성인이다. 분명히 신뢰, 열정, 흥미, 지원 조건이 Rousseau의 진술에 완전한 의미를 부여하기 위해 존재해야 한다.

학습자중심 교육과정의 기초 또는 토대는 개인의 성장과 발달에 있다. 전통적인 교과보다는 개인이 학습자중심 교육과정의 중심이다. 이것은 수학, 과학, 역사 등의 교육과정이 아니라 흥미와 경험의 교육과정이다. 교과는 학습자의 흥미와 요구를 충족시키는 데 도움이 되는 정도로 유용한 도구가 된다. 그러나 교육과정의 기초로서 분과에

〈표 5-1〉 학습자중심 교육과정의 특징

강조	◆ 개인에게 초점 ◆ 개인의 성장과 발달 ◆ 학습자의 흥미 ◆ 정의적인 면 강조
교수	◆ 촉진자로서의 교사
학습	◆ 부가적 교육
환경	◆ 창의성 함양 ◆ 자극하기 ◆ 유희적 분위기 ◆ 움직임의 자유 ◆ 신뢰 분위기
평가	◆ 학습자 주도 ◆ 성장 지향 ◆ 형성평가 강조 ◆ 일화적인, 경험적인 ◆ 비경쟁적인

서 비롯된 교과를 생각하는 것은 우선순위를 오도하는 것이다. John Dewey는 근본적으로 학습자가 교육과정이라고 하면서 학습자와 교육과정이 하나라고 말했다. 학습자중심의 관점에서 보면 Dewey의 이러한 통찰은 교육과정이 객관화된 실체이고 학습자로부터 동떨어진 것이라는 공통된 인식을 불식시켰다. 주장의 정당함을 밝히기 위해 학습자중심의 실례를 살펴보기로 하자.

열린교육

수십 년 전에 미국에서 열린교육으로 알려진 운동이 1970년대에 절정에 이르면서 꽃을 피웠다. 열린교육은 벽이 없는 교실과 같은 학교 건축에서 학습자 선택 교육과정에 이르기까지 모든 것을 포함했다. 교육과정에 대한 열린 접근법은 특히 교과서, 조직된 범위와 계열, 성인이 부과하는 교과, 엄격한 훈육, 공식적인 평가에 대한 반동이었다. 열린(open)이란 용어로 제안된 개념은 학생들에게 자신의 교수요목을 선택하고 가장 흥미 있는 것을 추구하게 하는 것이다. 교사의 주요 역할은 학습을 지시하는 것이 아니라 촉진하는 것이다. Rogers와 Freiberg (1994, p. 261)는 열린교육을 다음과 같이 기술하고 있다.

> [그것은] 모든 학생들이 자신의 학습 방향에 어떤 식으로든 참여하고자 하는 정당한 희망을 인정하는 교수학습 과정에 대한 열린 접근법이다. 그것은 지식을 습득하고 창조하는 법을 배우고 이해하려는 아동의 선천적인 충동을 존중한다. 그것은 교사의 기능이 '정보를 알려 주는' 것에서 선택을 제공하고 탐구 활동을 촉진하는 기능으로의 변화에 특별한 관심이 있다.

위의 인용문에서 분명한 것은 무게 중심이 교사에게서 학습자로 이동하며, 개인의 자기 주도와 선택에 대한 기회의 정당성을 강조한다. 학습자의 창의성을 강조하고, 기초 기능, 훈육, 교사 주도와 같은 용어가 없다는 것에 주목해야 한다. 열린교육은 융통적인 흥미 중심의 교육과정이다. 열린 교육과정은 규제로부터 자유롭고 기회가 확대된 교육과정이다.

1970년대에 열린교육의 단점을 지적하는 기사가 표면화하기 시작했다. 특히 뉴욕 타임즈의 주간 교육 칼럼 저자였던 교육 편집자 Fred Hechinger가 쓴 시론이 설득적이었다. Hechinger는 열린 학교가 주로 학생들이 지속적으로 중요한 것을 배우지 않으며, 기본적으로 실패한 실험을 보여 주었다고 시사했다. 이러한 비난은 영향력이 있어서 열린 교육의 종식을 알리는 서막을 열게 되었다. 그러나 다양한 교육전략과 프로그램을 교육적으로 메타 분석한 교육연구자 Herbert Walberg(1984)는 사실 열린교육의 학문적인 결과는 전통적인 접근법의 결과와 상당히 필적할 만하다고 결론을 내렸다. 그러나 이러한 증거가 제시될 무렵에 열린교육 운동을 소생시키려는 움직임은 있었지만 너무 늦었다. 그러나 미국 교육의 순환적 성격을 감안하면, 우리는 열린교육이 다른 용어와 장식(trappings)으로 치장하고 다시 나타날 것이라고 확신할 수 있다.

A. S. Neill과 Summerhill 학교

학습자중심 교육은 극한까지 갔으며, 영국에서 Summerhill로 알려진 학교는 스코틀랜드의 유명한 교육자 A. S. Neill이 설립하고 수십 년간 운영하였다. Neill은 아동이 본질적으로 지혜롭고 착하며 완전히 옳은 선택을 할 수 있다는 견해를 가지고 있었다. Neill은 대부분의 교사들이 인간의 본성이 악하다는 가정으로 시작하지만, 자신은 인간의 본성이 선하다는 인식으로 시작한다고 적고 있다. 그것은 훈육자와 자유신봉자 간의 실제적인 차이이다(Neill, 1917, p. 43).

Summerhill은 수업에 출석하든 안 하든, 숙제를 하든 안 하든, 참여를 하든 안 하든 학생들에게 선택의 자유를 주는 학교이다. Summerhill에서 모든 개인은 주로 자신의 교육에 대해서 스스로가 결정한다. 이 학교의 실존적 성격은 전설적이다. 개인의 선택이 모든 것이다. 개인은 단순히 무엇을 결정하는 것이 아니라, 공부할 것인지 말 것인지조차 결정할 수 있도록 했다. Neill은 인간의 본성에 대한 근본적인 선이라는 신념을 감안하면, 개인이 내린 선택이 나쁘기보다는 더 좋으며, 누군가 실수를 하는 경우에서조차 그들의 결정과 성찰 과정이 개인의 성장에서 필수 불가결한 부분이라고 인식했다.

Summerhill에 다닌 아동들에게 어떤 일이 일어났는가? 그들은 지속적으로 가치 있는 것을 배우는가? Bernstein[1968; 또한 Neill(1970, pp. 49-63)의 『Summerhill: For and Against』 속의 Montague를 보라]라는 후속 연구에 의하면, 50명의 이 학교 출신자들이 일반적으로 학교에서의 경험에 대해 호의적인 반응을 보였다. 불만스러워한 사람들은 주요 불만으로 교과에 대한 강조의 결여와 좋은 교수의 결여를 열거했다. 그러나 만족한 사람들은 학교와 교육과정이 관용과 성실, 일반적인 다른 사람과의 건강한 관계 발달을 위한 바탕을 제공했다고 생각했다. 그들은 또한 개인의 흥미와 능력에 따라 '자연적인' 성장과 발달을 위한 기회를 언급했다.

정의적 교육

그러나 교육과정에 대한 학습자중심 접근법의 또 다른 예는 정의적(affective) 교육으로 알려진 것으로, 교육은 기초 기능과 지식을 고려하기에 앞서 감정, 정서, 꿈, 포부에 중심을 두어야 한다는 것이다. 교육과정에 대한 이러한 접근법을 옹호하는 사람들은 기초 기능과 지식이 사소하다고 말하지는 않는다. 사실 그런 열광자들은 정의적 요소가 교육과정에 중요한 것으로 심각하게 고려될 때 성취가 따라온다고 쉽게 말한다. 그러나 사실은 정의적 교육에서 계속적인 초점은 주관적이며, 개인 간, 개인 내에 있다. 교과는 가치와 결정의 탐험에서 유용한 도구로 본다. 예컨대 사랑, 갈등, 불안, 연민, 자부심과 같은 문학의 주제는 개인들로 하여금 생활을 성찰하게 하고 그 결과로 의미를 찾을 수 있는 정도까지 유익한 것으로 본다. 당신이 생각하는 것처럼, 정의적 교육의 교육과정은 예술과 창의성, 그리고 개인적 표현을 매우 강조한다.

인본주의 심리학자 Carl Rogers(1969, 1994)의 연구는 정의적 교육에 특히 영향을 미쳤다. Rogers는 아동의 정신과 정서의 건강에 탁월한 치료법을 교육과정으로 진척시켰다. 그는 개인의 성장, 흥미에 기초한 참여, 학습의 즐거움, 따뜻하고 지지적이며 교육적인 환경을 겨냥한 교육과정의 의제를 언급했다. Rogers는 교육과정의 내용을 협상할 수 있는 것으로 보았다. 사람들은 자신들이 배우고 싶은 것을 배워야 한다. 그에 따르면 성공적인 교육과정의 경험에 대한 열쇠는 일곱 가지의 교육적 우선순위를 정하는 것이다.

- 신뢰로운 분위기
- 의사 결정 참여 방식
- 학생 자신을 존중하도록 돕는 것
- 탐구학습의 흥분을 노출시키는 것
- 교사가 학습의 촉진자로 활동하는 것
- 개인으로서 교사 자신이 성장하게 돕는 것
- 좋은 삶은 우리 각자 안에 있다는 인식

발달에 적합한 실제

학습자중심 교육과정의 많은 변형 가운데 발달교육 또는 발달에 적합한 실제가 알려져 있다. 초등 또는 유치원 교사들은 이 용어에 꽤 익숙하며, 학습자중심의 교실은 이수되어야 하는 교과도 아니고 학문적인 결과의 목록도 아닌 학습자로 시작한다는 주요 개념에도 익숙하다. 교사는 학습자의 성장과 발달 상황에서 각 학습자에게 초점을 둔다. 발달에 적합한 교육과정은 개인과 모든 학습자의 발달 수준과 흥미에 부응하는 것이다. 이것은 교사가 학생들을 배려하는 관찰자가 될 때만 일어난다. 다른 말로 하면 교사들의 첫 번째 과제는 학생들을 연구하고 학생들의 호불호, 그들의 성숙 수준, 그들의 강점과 약점 등을 알아야 한다. 아동이 교육과정의 핵심이기 때문에 발달에 적합한 실제는 교사들로 하여금 아동의 모든 것을 알아야 한다고 요구한다. Dewey의 말로 부연하면 아동과 교육과정은 하나라고 할 수 있다.

발달에 적합한 실제에 대한 한 가지 교육과정의 사례는 연령 수준에 국한될 필요는 없지만, 유아교육 및 초등교육과 더 관련 있는 교실에 있는 학습센터의 활용이다. 센터는 교실에 전략적으로 설치되어 있으며 어린이들에게 흥미 있는 센터를 방문하고 참여하도록 장려한다. 센터는 보통 교과와 가까우며 그래서 보통 읽기 센터, 수학 센터와 예술, 게임, 사회과, 과학을 특징짓는 센터를 교실에서 찾을 수 있다.

흥미를 자아내는 센터적 접근법의 변형을 영국의 한 초등학교를 방문한 대학원생이 저자에게 설명해 주었다. 이 학교는 건물 안에 있는 다양한 교실이 다른 다양한 교과와 부합하도록 교육과정을 편성하였다. 수학 교실, 예술 교실, 읽기/언어 교실, 지리 교실 등이 있었다. 학생들은 자신의 흥미에 따라서 여러 교실을 방문하고 등록하였다. 교사들은 자신의 흥미에 기초하여 교실에 배치되었고, 학생들의 탐구와 프로젝트를 촉진하기 위해 존재했다. 학습자중심 접근법에서는 편리한 장소에 특정 교과와 관련된 학용품과 자료를 비치하는 것이 가능하도록 만들었다. 이 프로그램은 통합된 연구 중의 하나로 아동이 수학 교실에 있을 때, 특정 문제와 조사활동에 도움이 되도록 수학을 활용한다.

센터적 접근법은 발달에 적합한 것으로 여겨진다. 왜냐하면 무엇보다도 학생들을 관찰하고 학생들의 흥미에 대해 그들의 말을 듣고 말할 수 있도록 교사들에게 많은 시간을 허용하고, 학생들의 탐구를 촉진하기 위해 아이디어와 자료를 가지고 도울 수 있게 하기 때문이다. 어린이들은 무엇을, 언제, 어떻게 공부할 것인지를 결정하고, 교사가 교실 앞에서 전체 학생을 대상으로 하는 수업은 매우 드물다. 흥미 센터가 있는 교실에서는 개인적인 책임감, 소유물에 대한 존중, 타인의 권리 존중과 같은 문제들이 자연적으로 따라서 일어난다. 센터적 접근법은 보통 유아교육과 관련되지만, '스테이션(stations)' 이라고 알려진 변형적 접근법이 나이 많은 학생들에게 성공적으로 활용되었다. 예컨대 생물실험실, 체육교육 수업과 교사와 학생들이 이러한 접근법이 실행 가능하다고 결정한 다른 교과가 그러하다.

흥미설

개인적인 열망이라는 개념과 연관이 되는 것이 흥미설(doctrine of interest)로 알려진 논쟁적 개념이다. 이는 1세기에 있었던 오래된 생각으로 로마의 교육자 Quintilianus가 다음과 같이 설명하면서 흥미설을 도입했다. 그는 학생들이 공부하기를 원하는 것을 공부해야 한다고 기술했다. 즉 교육과정은 학생의 흥미로 구성되어야 한다. Quintilianus는 학생들이 특별히 관심이 없는 것을 배우도록 강요하는 것은 모든 사람들의 시간을 낭비하는 것이라고 주장하였다. 그러한 학습은 한 귀로 듣고 다른 귀로 흘려 버린다. 흥미설에 따르면 교사들은 학생들이 무엇에 흥미를 갖는지를 찾아내고 이러한 흥미를 지원해야 할 필요가 있다. 이러한 개념은 실제 오래된 것으로 Quintilianus보다 몇 세기 앞선다. Platon은 심지어 학생들의 의지와 상관없이 신체적인 연습을 해서 더 강하게는 할 수 있으나, 학생들이 배우려는 마음은 강요할 수 없다고 넌지시 암시했다.

확실히 흥미설을 수용할 필요가 있다고 결정하기 위해서는 아동의 민감성과 능력에 대한 상당한 믿음이 있어야 한다. 그러한 생각 자체는 매우 단순하다. 학생들이 흥미 있어 하는 것을 개인적 · 집단적으로 발견할 필요가 있고 그들의 흥미를 도와주어야 한다. 그러나 이렇게 하기 위해서는 학생들을 연구해야 한다. 1920년대에 영국의 Malting House School에서 근무했던 심리학자 Susan Isaacs는 학교에서의 열쇠는 아동의 성장에 있고, 그 방법은 아동을 직접 관찰하는 것이라고 기술했다. 인류의 역사에서 가장 최근에 광범위하게 변화된 사고 중의 하나는 교육의 기초로서 아동의 자유에 대한 현대적인 관점이다. 이것은 우리 시대의 위대한 실험이라고 기술했다(『Neil of Summerhill』에서 Jonathan Croall, 1983, p. 162 인용). Isaacs가 생각했던 것처럼 만약 '아동의 자유' 가 교육의 기초라면 흥미설이 반드시 전제되어야 한다.

창의성과 자기주도

학습자중심 교실의 또 다른 측면은 창의성이 계속 장려된다는 점이다. 당연히 사람들은 예술, 음악, 드라마, 다양한 창의적인 표현 방법을 상당히 강조하는 것을 알 수 있다. 결국 그것은 학생들이 생활에서 무엇이 아름답고 적합한지 의미를 찾는 특이하고 개인적인 개념이다. 학습자중심 교육과정에서 학습 조건을 설정하는 것은 교사의 의무이며, 그러므로 개인의 창의성을 꽃피울 수 있다. 아동기의 감정과 창의성은 심리학자 Abraham Maslow의 용어로 '도움이 되는 방임(helpful let-be)' 인 교사에 의해 최대한 장려된다. 이 용어는 스스로를 위해 말한다. 창의성은 성인의 과도한 감시, 엄격한 지시, 이동의 제한, 기대되고 강화된 복종과 순응, 지나치게 비판적인 평가로 질식당한다. 창의성은 개방, 지원, 공유, 배려의 환경에서 꽃을 피운다. 이러한 것이 학습자중심의 기본 신조이다.

Jean Piaget는 학생들이 어른의 직접적인 간섭을 받지 않고 자신의 방식으로 배우는 것을 선호하는 최소주의자(minimalist)로 잘 설명될 수 있다. 그는 의미 있는 학습이 일어날 수 있는 환경을 구축하는 것으로 교수를 설명했다. 그러한 의미에서 교육과정을 확립하는 교사의 작업은 환경적이다. 교사는 학생들이 신체적 · 사회적 · 논리적 지식으로 자유로이 탐구하고 직접적으로 타협하는 자극적인 환경을 조성한다. 신체적인 지식은 감각적인 학습과 구체적인 경험에서 비롯된다. 사회적인 지식은 다른 사람들과의 상호 작용에서 비롯되고, 학생들이 주고받고 협동하며 경쟁하는 곳과 직접적인 경험으로부터 배우는 곳에서 비롯된다. 논리적인 지식은 학생들이 새로운 정보를 흡수하고, 새로운 생각을 기존의 지식에 결합하며, 의식에서 안과 밖의 세상을 평형으로 만들기 위해 노력함으로써 얻어진다.

교사는 학습 환경의 조직자로서, 어린이의 사고에 대한 평가자, 게임과 토의를 포함한 집단 활동을 주도하는 세 가지의 중요한 역할을 한다. Piaget는 그의 저서에서 가장 좋은 학습은 항상 자발적이며, 놀이와 비교할 수 있는 자발성을 가진 것은 없다고 말했다. 결국 환경은 그러한 모든 아이디어가 수반되는 즐거운 곳이어야 한다. 놀이는 결과보다 참여, 소극성보다 활동성, 강제보다 자연적인 흥미가 앞선다. 진정한 놀이는 항상 자발적이고 대본이 없으며 다른 사람의 지시가 없다.

또한 학습자중심의 교육과정에서 발견되는 것은 자기주도라는 개념이다. 학습자가 결정한다는 생각이 항상 존재한다. 중심은 교과서, 교사나 이미 기술된 학습의 과정이 아니라 학습자에게서 발견된다. 성장은 자기주도, 의사결정, 자기반성, 자기평가로부터 나온다. 자기주도의 개념에 수반되는 것은 아동중심 또는 학습자중심 교육과정에서 가장 의미 있는 학습이 탐구를 통해서 비롯된다는 것이다. 그리고 주요 탐구는 학습자의 외부에 있는 지식을 발견하는 것이 아니라 당신이 누구이며, 당신이 되려고 하는 것이 무엇인지를 발견하는 계속적인 자기발견이다.

구문론적 복잡성

학습자중심 접근을 옹호하는 사람들은 그러한 환경이 전통적인 환경보다 더 구문적으로 복잡하다고 주장한다. 구문적으로 복잡한 학습 환경은 자습, 교과서, 학습지, 분리에 의해서 지배되는 것과 반대이다. 대신에 학습자가 아동의 자유, 성공하고 실패하는 기회를 갖는 환경이다. 보통 그것은 학생들이 생각을 탐구하고 다른 사람과 활동을 함께 경험하고 탐구하는 프로젝트중심의 환경이다. 그것은 간접적인 수업 형태이며 사회 문제, 개인 문제, 지적 문제에 초점을 둔다. 그러한 환경에서 당신은 학생들이 서로에게 말하고, 함께 그리고 혼자 활동하는 것을 목격하고, 교사주도의 수업 이상의 경험을 강조한다. 어떤 사람은 교육과정에서 통합적인 초점을 발견한다. 학교 교과는 확실히 존재하지만 직관은 그리 많지 않다. 교과는 목적이 아니고 도구의 역할을 한다. 흔히 요점은 학생들이 더 높은 수준의 문제를 해결하고 더 높은 수준의 사고를 하고, 함께 작업하는 복잡한 문제를 해결하는 데 형식적인 교과를 수단으로 매우 유익하게 활용한다는 것이다.

교사는 중심적 지위를 벗어난다. 교사들은 덜 말하고 덜 지시한다. 통제의 소재는 교사에게 있지 않고 학습자에게 있다. 교사의 역할은 지지하고 교육하고, 진단하고 학생들의 진정한 흥미가 무엇인지를 찾으며, 그러한 흥미를 추구하도록 지지하는 것이다. 교사는 필요할 때 중재하기 위해 존재하는 것이다. 교사들의 많은 시간은 그들의 활동에 대해서 개별적으로 듣고 말하는 것이다. 교사는 학생들의 학생이 된다. 학습자중심의 교실에서 교사들은 자신들의 학생을 잘 알아야 한다.

요약

당신이 상상할 수 있듯이 학습자중심 교육과정에서는 Dewey와 다른 사람들이 도중에 일어나는 상황인 우발적 교육(incidental education)과 부가적 교육(collateral education)이라고 부른 것에 역점을 둔다. 예컨대 두 명의 아동이 동시에 같은 비품을 사용하려고 할 때 자연스럽게 일어나는 상황을 고려해 보자. 진정한 성장과 발달을 위한 잠재성은 그러한 도덕적 딜레마에서 비롯될 수 있다. 이따금 게임에서 이기고 지는 경험으로부터 학생들이 배우는 홍미중심 학급을 통해 일어나는 우발적 교육을 고려해 보자. 체스를 두는 방법을 배우는 학생들에게 참여는 자기 마음대로 하고 항상 이기는 것 그 이상을 의미한다.

학습자중심 교육과정은 사람들이 선택이 자유로울 때 사회적 · 도덕적 성장과 같은 것이 가능한 맥락 속에서 일어나는 상황을 고려한다. 학생들이 과학 프로젝트에서 함께 작업하는 것을 고려해 보자. 학생들이 어떤 과학 지식을 배울 것이라고 기대되지만, 함께 작업하고 있을 때 그들이 하는 말을 경청해 보자. 학생들은 도중에 작업하는 것에 대해서 말하고 서로에게 질문하고 계획을 세우고 평가한다. 그러한 예는 학습자중심 교육과정의 중요한 핵심에 통찰력을 제공한다. 특히 학생 자신의 홍미를 따르는 것을 허용하는 자연스러운 생활의 흐름을 취하기 때문에 행동목표로 진술될 수 없다.

교육과정에서 학습자중심의 핵심 요소를 요약해 보자. 학습자의 홍미가 토대이다. Quintilianus가 도입한 이후 20세기에도 홍미설은 아직도 영향력이 약간 남아 있다. 많은 교사들은 실제로 학생들이 그들이 진정으로 필요로 하는 것을 확인하고 학습할 수 있다고 믿지 않는다. 학생들이 집중하기를 바라는 중요한 분야를 벗어날 것이라는 두려움이 있다. 마지막으로 학생들이 자신의 학습 경험을 선택할 수 있다고 믿는 교사들의 신뢰 문제이다. 이러한 것은 단순한 문제가 아니고 학습자중심을 옹호하는 사람 또는 비판하는 사람에 의해서 쉽게 묵살될 문제가 아니다.

홍미설과 밀접하게 관련된 것은 통제의 소재라는 문제이다. 학습자중심의 프로그램에서 통제의 소재는 학습자에게 있다. 학생들은 생활에서 배운다. 요지는 학생들에게 선택권을 준다면 자신의 선택한 대로 사는 책임을 경험할 수 있다는 것이다. 이것은 얼마나 의미 있는 성장이 가능한가에 대한 것이다.

학습자중심 교육과정은 관계적이다. 학습자와 교사 간 그리고 학습자 간에 형성되는 관계는 학교에서의 경험에 필수적인 것으로서 높이 평가된다. 학습자가 자아를 인식하기 시작할 때 학습자는 자아 인식과 타자에 대한 인식을 관련지을 수 있다. 자아 인식은 타자와 타자의 요구라는 맥락에서의 자아 인식을 의미한다. 학습자중심에 대한 열광자들은 그러한 학습을 학문적인 지식과 기능을 배우는 것만큼 중요한 것으로 생각한다. 우정과 협동 관계는 자유, 선택, 기회라는 환경에서 발생할 수 있을 것이다. 사회적 · 도덕적 경험에 대한 강조는 근본적이며 학습자중심 환경의 자발적 성격이 성장과 발달을 위한 맥락을 만든다.

학습자중심 교육과정은 분명히 특이한 교육과정이다. 홍미를 기반으로 하기 때문에 당신은 잘 조직한 범위나 계열을 찾지 못할 것이다. 교사의 신중한 관찰은 학생의 홍미를 결정하는 열쇠이다. 홍미기반 교육과정은 점진적 · 현성적 교육과정이다. 임의적 규칙에 대한 순종과 자기 자리에서 하는 자습에 반대되는 것으로서 문제 해결과 탐구에 초점이 주어지면 복잡성이 발생한다. 그러므로 교육과정은 영위하는 생활의 속성인 임시적이며 현성적인 속성이다.

학습자중심 교육과정은 보통 발견의 교육과정이다. 더 넓은 세계에 대한 발견은 확실히 중요하지만, 마찬가지로 중요한 것은 자아실현으로 안내하는 자기 발견의 여행이라는 것이다. 그러한 교육과정은 비선형적이고 현성적이며 비구조적인 것처럼 보이며 흔히 예측할 수 없다.

생각해 보기

독자인 당신은 이 모험에 참여하도록 초대받았다. 학습자중심 교육과정의 여러 가지 본보기를 방문하기 전에 당신에게 지금까지 일어난 일을 간단히 적을 시간을 가지시오.

교육과정 여행을 계속하기 전에 가장 기초적인 반성적 질문을 당신 스스로에게 하시오.

- 학습자중심 교육과정이 당신이 이미 알고 있었던 것을 어떻게 강화했는가?
- 당신이 이전에 생각한 것과 생각하기 시작한 것 간에 모종의 긴장이 존재하는가?

학습자중심 교육과정의 본보기

세 가지 학습자중심의 본보기로 Sudbury 학교, 초등학교용 탐구경험 교육과정(EECES), Reggio Emilia 교육이 있다. 이러한 본보기는 개발과 특징은 다르지만 공통적으로 아동의 흥미와 성장에 역점을 둔다.

본보기 1

Sudbury 학교:

학습자중심과 학습자통제 접근법

나는 것과 공기가 새와 관련이 있는 것처럼 놀이는 아동과 관련이 있다.

Susan Blow

아동은 자신이 공부하고 싶어 하는 것을 공부해야 한다.

Quintilian(A. D. 1세기)

홍미설은 Sudbury 학교(Sudbury Schools)에서 건재하다. 그래서 이들 학교는 학습자중심이기 때문에 교육과정이 없다고 주장한다. 어느 학생이 곤충에 대해서 배우고 싶다면 이것이 당분간 자신의 교수요목이 된다. 교직원들은 어떻게든 학습자의 탐구를 촉진하고 가능하게 하기 위해 존재하지만, 교수와 지시가 아니라 학습과 공부에 강조점을 둔다.

Sudbury 학교는 1968년에 매사추세츠 주의 Sudbury에 최초로 설립된 Sudbury Valley 학교의 철학을 신봉하는 독립학교들과 느슨하게 네트워크로 연결되어 있다. 이들 학교는 상호 지원을 하고 있으나 각 학교는 독립적으로 운영되며, 아동의 자유, 자연적인 호기심, 선택, 그리고 개인적 책임이라는 철학에 동의한다.

Sudbury 학교는 '체험적(hands-on)' 민주주의라고 자칭한다. 이들 학교는 매주 열리는 학교회의에 의해 운영되며, 모든 학생과 교직원은 투표권을 가지고 있다. 심지어 교직원을 고용하고 해고하는 권한이 모든 사람들에게 주어진다. 모든 것에 대한 결정은 학교회의에서 이루어진다. 이 학교의 모델은 스위스의 주(canton)에서 시행하고 있는 직접 민주주의 모델과 미국 뉴잉글랜드의 Town Hall 회의의 전통과 비슷하다. 이것이 최상의 수준에 이르는 현장 중심의 운영이다.

학생과 교사의 역할

Sudbury 학교에서 아이들은 하루 종일 자신들이 무엇을 해야 할지를 매일 선택한다. 공통의 흥미를 가진 학생들끼리 자연스럽게 모이게 된다. 학급은 오로지 학생들의 흥미에 의해서 조직된다. 성취는 학생 스스로 측정한다. 성적은 하나의 요인이 되지 않는다. 이러한 진술은 시카고 Sudbury 학교의 웹사이트(www.chicagosudburyschool.org)에서 다소 축어적으로 다음과 같이 인용된다.

- 그들은 무게 중심이 학습자에게 있음을 분명히 말한다.
- 교사들은 학생의 학습을 촉진하며 그들의 역할은 지시, 설명, 관리자, 전통적인 교사의 역할이 아니다.

Sudbury 학교는 연령별로 학년을 구분하지 않는다. 학생들은 실제로 학교에 있는 학생들이다. 전통적인 의미의 접근법에서 보면 교육과정이 없다. 범위나 계열도 없다. 교육과정이 없기 때문에 정해진 필수과목도 없다. 학습자의 관심이 경험을 안내한다. 이러한 아이디어는 학생들은 자신들이 공부하고 싶어 하는 것을 공부한다. 자신보다 배울 필요가 있는 것에 대해서 더 잘 아는 사람은 없다는 생각인 것이다. 그러므로 아동이 배우고 싶어 하는 것을 선택하는 데 아동의 결정에 대한 신뢰가 깔려 있다. 분명히 어린 학생들이 스스로 배워야 할 것을 결정하는 것을 신뢰하지 않는 사람들은 이 모델에서 곤경에 처할 것이다.

Sudbury 학교는 그들이 미국의 이상을 교육에 반영했다고 주장한다. 자유, 민주주의, 법에 의한 규칙과 같은 이상이 Sudbury에서의 경험의 기본이다. 학생들의 연령이 4살에서 19살 사이에 있더라도 학생들 모두 의사 결정에 참여하고 그들이 공부할 내용과 일반적으로 하루를 어떻게 보낼 것인지를 선택할 기회가 있다. 의무 출석을 제외하고 경험은 전적으로 선택적이다. '만약 한 아동이 아무것도 공부할 것을 선택하지 않는다면?' 이란 의문이 들 것이다. Sudbury는 그러한 선택은 아동에게 달려 있지만, 자극적 환경과 지원적 분위기를 감안하면 지속적으로 우려할 문제는 아니라고 답변한다.

Sudbury 학교에서 혼합연령 아동들은 교육의 자연스러운 경로를 따라서 어떤 미리 처방된 교육과정, 정해진 기준, 필수 시험도 없이 일과 놀이에 대해서 배운다. 학생들은 매일 무엇을 해야 할지 어떻게 시간을 보내야 할지를 결정한다. 공식적인 수업은 드물며 단지 학생들의 요구에 따라서 조직된다.

평가(assessment)는 주로 자기평가의 문제이다. 학생들은 스스로 그들이 얼마나 많이 배웠는지를 결정한다. 학생 스스로 얼마나 배웠는지를 아는 방법을 결정한다. 왜냐하면 미리 정해진 교육과정이 없기 때문이며, 특히 표준화된 형태로 '천편일률적인(one size fits all)' 평가를 하는 것은 불가능하다. Sudbury의 철학을 감안하면 표준화와 권위의 집중에서 멀어지는 것이 의도이며, 어떤 종류의 공식적인 시험은 타당하지 않다.

Big Rock Sudbury 학교 모델

Big Rock Sudbury 학교(marinsudburg.org)는 여섯 가지 요점의 학교 철학을 제시한다. Big Rock Sudbury 학교의 기초로 이러한 여섯 가지 요소가 주목되는 반면에, 일반적인 Sudbury 학교의 철학에서 전형적이다.

◆ *자율학습*

학생들은 선천적인 호기심을 따르고 그들의 진정한 열정을 추구하도록 장려한다. 자유 권한을 통하여 아동들은 더 빨리 배우고 규모가 심화된다. 일반적으로 정규 교과를 숙달하는 데 전통적인 강제적 학교환경에서 걸리는 시간보다 덜 걸린다.

◆ *혼합연령*

학생과 교직원은 흥미로 자유롭게 연관된다. 각기 다른 연령을 가진 사람들은 서로의 발달을 향상시키기 위하여 각기 다른 관점, 기능, 경험을 가지고 온다. 학생들은 서로 협력하고 존중함으로써 지지하고 배려하는 강한 의식을 발달시킨다.

◆ *자기평가와 피드백*

빠르게 변화하는 현대사회의 생활을 통해서 각 학생은 독특하고 특별한 과정을 추구하면서, 자기평가와 동료와 성인들으로부터의 피드백은 인위적인 점수 체계보다 학습에 훨씬 더 유용하다.

◆ *민주적인 지배구조*

학교는 학교회의에 의해서 운영된다. 학생과 교직원은 학교회의에서 동등한 투표권을 가진다. 학교회의는 일일 업무, 예산 그리고 고용을 지배하는 규정을 통과시킨다. 여기에서 학생들은 진정한 민주주의에 참여하여 권한을 행사하면서 실제 생활에 대해 학습한다. 이것은 아동들이 책임감을 갖고 사실상 정치적 결정을 하는 매우 중요하고 어려운 작업이다. 이러한 과정은 아동들에게 인위적인 연습을 부과하고 성인이 지배하며 실제 생활과 유리된 다른 학교와 크게 다르다.

◆ *정당한 법의 절차*

분쟁이 일어날 때 문제는 사법위원회를 통해서 학생과 교직원의 공정한 공개과정을 통해서 해결된다. 교사나 성인에 대한 두려움은 없다. 학생들은 면대면으로 의견을 제시하여 갈등을 해결하는 것을 배우며, 민주주의에서의 정의(justice)는 모든 사람들에게 관련되어 있다는 것을 학습한다.

◆ *교직원의 역할*

Sudbury 학교의 교직원은 자상하고 기지가 풍부하지만 동시에 지시적이거나 강제적이지 않다. 아동들을 진심으로 존중함으로써 성인들은 답례로 진심으로 우러나오는 존경을 받는다. 이러한 협동과 신뢰라는 중요한 관계는 Sudbury 학교에 독특한 양육적 환경을 만든다.

독자들은 1921년에 설립되어 아동교육에 급진적인 접근법으로 간주되는 A. S. Neill의 Summerhill 학교의 목적과 철학에 대한 진술의 유사성에 주목할 것이다. 자기 지배구조, 선택의 자유, 그리고 학습에 대한 '자연주의적' 접근법은 Summerhill과 Sudbury의 공통적인 교육 개념이다.

또한 *선천적인 호기심, 흥미, 경험, 민주주의, 양육, 관계*(Sudbury가 스스로를 진보주의 학교와 구분한다는 사실에도 불구하고) 등과 같은 진보주의적인 용어 사용에 주목하자. 마지막으로 Sudbury 학교들이 현재 그들의 모습뿐만 아니라 그들의 모습이 아닌 것에 의해 그들 자신을 정의하는 다른 독특한 교육 프로그램의 경향을 따른다는 점에 주목하자.

생각해 보기

◆ Sudbury 접근법에 대하여 당신은 어떤 점에서 일치하거나 불일치하는가?

본보기 2

초등학교용 탐구경험 교육과정(EECES):

흥미중심 접근법

경험은 사고의 어린이며, 사고는 행동의 어린이다.

Benjamin Disraeli

초등학교용 탐구경험 교육과정(EECES)은 흥미 센터 사용을 초점으로 하는 학습자중심 교육과정이다. EECES의 철학은 각 아동이 자신의 흥미에 따라서 독특한 방법으로 발달한다는 것이다. '흥미' 라는 용어는 교육과정이 다름 아닌 아동에게 적합해야 한다는 분명한 신호를 보내는 진보주의 교육과 항상 동일시된다. 그러나 흥미를 피상적인 호기심과 혼동해서는 안 된다. 흥미는 아동이 실제로 관심이 있는 것에 차별적으로 끌리는 개인의 뿌리 깊은 성향을 나타낸다. 흥미를 기초로 하는 교육과정에서 각 아동은 무게의 중심이고 공부할 것과 그것을 배우는 최선의 방법을 결정한다. 수업과 반대로 '공부' 하는 것을 강조한다. 교사나 교과서가 아니라 아동이 탐구를 주도한다.

흔히 하는 오해는 교육과정이 학문적으로 경계가 혼란스럽고, 인생에서 성공하기 위하여 실제로 알아야 할 것에 대하여 전혀 개념이 없는 미성숙한 아동들에게 그들의 학습을 지시하도록 허용한다는 것이다. 최악의 경우 이것은 그렇게 될 수 있다. EECES는 의도적이며 풍부한 교육 환경이 열쇠라고 반대 주장을 제안했다. 다른 말로 하면 학생들이 무엇을 배울 것인가에 대한 선택은 신중하게 선택된 범위 안에서 만들어진다. 선택 영역은 학생들의 흥미에 따라 방문할 흥미 센터 형태로 구축된다.

흥미 센터 접근법

홍미 센터는 교과와 매우 밀접하게 일치하고 보통 다음과 같은 것을 포함하고 있다.

- *읽기 센터*는 교실의 한 코너를 차지하며, 거기에는 책과 몇 개의 잡지 선반으로 이루어진 작은 도서관, 카펫, 몇 개의 베개와 흔들의자를 보유하고 있다.
- *과학 센터*는 학생들이 공부하기 위한 과학 탐구 자료를 보유하고 있다. 예컨대 자료는 시간이 지나면서 고체와 액체, 바위와 광물, 곤충 연구, 식물, 부품과 전자제품, 천문학 등으로 바뀐다.
- *수학 센터*에는 다양한 종류의 조작 자료, 수학 문제와 활동, 기초 기능 연습과 양적 개념을 가르치는 모종의 게임이 있다.
- *게임 센터*에는 체커, 체스, 기타 보드 게임과 같은 게임과 다양한 퍼즐과 문제해결 활동이 있다. 흔히 나이 많은 학생들의 경우에는 토너먼트를 열고 클럽을 구성된다.
- *예술 센터*는 칠하기, 그리기, 조각하기, 건축하기 등을 포함하는 예술 활동이 주류를 이룬다. 이 코너는 매달 특정한 주제로 특징을 지으며, 학생들은 주제를 표현하는 방식 중에서 예술적으로 표현하도록 장려된다.
- *세계 센터*에는 지도, 그래픽, 전기, 역사, 지리 활동과 사진을 보유하고 있다. 학생들은 역사학자와 지리학자로서 자신의 역할에 역점을 두면서 시간과 공간을 탐험한다.

- *극장 센터*에는 인형 극장, 악기, 연극 대본, 사회극 활동이 있다. 학생들은 극놀이, 연극, 역할극, 극장 프로덕션, 음악적 표현을 통해 자신들을 표현하는 데 참여하도록 장려된다.

대부분의 교실은 별도의 작은 방이 있는 꽤나 붐비는 곳이다. 그러므로 각 '센터' 는 흔히 탁자, 주방의 조리대, 방의 한 구석에 불과하다. 각 센터는 일 년 내내 그대로 유지되며 계절마다, 교수요목마다, 지역의 관심에 대한 특별한 토픽을 강조하여 주제를 바꾼다. 연어가 서식하는 하천의 복원을 돕기 위한 성공적인 시도가 학생들의 참여로 이루어진 사례가 있다. 다양한 센터는 시간에 적절하게 주제와 관련된 토픽에 집중했다.

발달에 적합한 실제를 보장하기 위하여 주어진 학교의 센터의 내용은 연령과 학년 수준에 따라서 다양하다. 교육과정은 점증되는 정교화 수준으로 초등학교 시절 동안 음미되고 재음미되는 나선형의 개념을 활용한다. 그러므로 고학년 학생들은 같은 토픽을 공부하는 저학년 학생들을 돕기 위해 정기적으로 초대된다.

학생과 교사의 역할

학생은 어떤 목적으로 어떤 센터를 방문할 것인지를 결정한다. 학생들은 자신들의 방문 일지를 쓰고 자신들의 선택에 대해 반성하도록 장려된다. 접근을 통제하는 수단과 공정성이라는 이름으로 학생들은 특정 센터를 이용하기 위해 등록을 한다. 모두 등록 정원이 차면 학생들은 다른 센터를 선택해야 한다. 보통 학생들은 선택한 센터에 2일 또는 3일 동안 등록하도록 허용된다. 교사의 역할은 각 학생이 모든 센터를 사용하도록 장려하고, 이러한 일이 일어나는지를 확인하는 것이다. 문제가 발생하면 그 문제는 오늘의 생활이나 반성 시간 동안에 토의된다. 그러한 문제는 사회적 · 도덕적 의사 결정을 하도록 제공하기 때문에 학생 토의를 위해 의미 있는 활동으로 보인다.

이 교육과정에서 교사의 역할은 거꾸로 바뀐다. 주로 읽기, 쓰기, 셈하기(3R)와 같은 기초 기능이 배당된 하루 60분 동안을 제외하고 아무 지시도 하지 않는다. 몇 년 동안 가르쳐 왔지만 이 교육과정을 자원하여 활용했던 1학년 베테랑 교사는 전에 자신이 학생들을 알고 있었던 것보다 EECES 접근을 사용하는 것이 학생들을 이해하는 데 더 낫다고 느꼈다. 교사의 역할은 조정자로서 듣고 행동하며, 개인 또는 소집단에서 주제를 토론하고, 자료를 이용하여 돕거나, 적절한 순간에 도움의 손길을 보내는 것이다.

EECES의 일정

EECES 교육과정은 300분의 수업일을 다양한 시간 블록(block)으로 나누고, 각 시간 블록은 학생의 흥미와 교사의 판단에 따라서 유연하게 다루어진다. 이러한 일정은 전체 초등학년 동안에 유지되고, 같은 시간분량의 문학과 반성 시간을 제외하고 반일반 유치원의 경우에 이등분된다. 시간 단위에 대한 설명은 다음과 같다. 시간 단위는 흥미 수준을 예측하는 것이 불가능하고, 주어진 날에 시간을 다소 필요로 하기 때문에 매우 개략적인 점에 주목하라.

◆ *오늘의 생활(15~30분)*

오늘의 생활은 최우선 고려사항이다. 출석, 애국가 제창, 국기에 대한 경례와 같은 일상적인 일을 하고, 급식비 확인, 중요 공지사항, 의견 발표회(show and tell), 흥미 있는 화제에 대한 짧은 학급 토론 등이 포함된다. 이 시간 단위는 하루 동안의 분위기를 조성하기 때문에 중요하게 간주된다. 이러한 것은 학생들이 매일 활동을 시작할 때 편안하고, 비형식적이며, 지원적인 분위기를 조성하는 교육과정의 중요한 요소이다.

◆ *자유 시간(60~120분)*

성인들이 배워야 하는 것 중의 하나로 여가 시간을 현명하게 활용하는 방법이 오랫동안 주장되었다. 텔레비전 시청에 대한 통계를 감안하면, 분명히 많은 성인들이 다른 대안을 생각하지 못했다. EECES 교육과정은 자유시간을 소중하게 여긴다. 왜냐하면 자유시간은 1) 학생들에게 의사를 결정할 기회를 주며, 그것을 끝까지 추구한다. 2) 학생들이 자신들의 시간을 통제해서 학교 밖이나 그 이외의 곳에서도 실천할 수 있는 귀중한 경험을 제공하기 때문이다. 이러한 시간의 목적은 학생들에게 여가 시간을 의미 있게 이용하도록 연습시키는 것이다. 다양한 센터를 이용하도록 학생들에게 매일 아침마다 충분한 시간이 주어진다. 학생들은 미리 정해진 센터에 등록하고 이 시간 동안 의미 있게 스스로 자유롭게 수행한다. 교사는 교실을 돌아다니며 보조, 지원, 조정, 계획 듣기 등 무엇이든 필요한 것을 제공한다. 학생들은 일반적으로 읽고, 쓰고, 미술 작품 활동을 하며, 프로젝트 과제를 수행하며, 게임을 하는 등 센터의 내용에 참여하게 된다.

◆ *공연예술/인문학(30+분)*

이 시간에는 촌극, 춤추기, 시 낭독, 극놀이, 극장, 노래하기 등과 같은 창의적인 표현에 전념한다. 특히 학생들의 독창적 작품을 장려한다.

◆ *문학(15+분)*

이 시간 동안 교사는 학생들에게 문학적 가치가 있는 작품을 읽어 준다. 보통 문학 시간은 점심 휴식 시간 바로 다음에 시작되며, 교사들이 수년간 활용해 왔고 오랜 시간 동안 입증된 스토리 타임과는 약간 다르다.

◆ *문제해결/탐구(60~120분)*

이 시간은 보통 통합 학습 단원의 형태로 전체 학급의 문제 해결에 초점을 맞춘다. 이러한 아이디어는 전체 학급을 한데 모아 공통 주제를 학습하도록 한다. 이러한 주제 단원은 일반적으로 2주에서 4주가 소요되고, 문제 해결을 위한 도구로 언어과, 사회과, 과학, 수학, 예술, 기타 교과와 통합하도록 설계되어 있다. 흔히 이 시간 단위는 자유시간과의 연계를 보여 준다. 그리고 자유 시간 동안 개인 또는 소집단으로 단원 주제에 관해 학생들이 학습하는 것을 흔히 본다. 교사는 다양한 방법으로 학급을 지원하는 촉진자와 안내자의 역할을 한다. 문제 해결 단원의 예로 학급은 여러 가지 씨앗과 잘라 낸 가지로 다양한 식물을 기르고 간단한 실험하기, 작은 온실 만들기, 토양 연구하기, 화분 만들기, 지도를 받기 위해 가까운 종묘장과 연계하기, 지역에서 나는 꽃을 연구하고 실제로 학생들이 이 단원 중에 재배한 식물을 지역사회에 판매하기 등이 있다. 주제 단원은 복잡하며 모든 교육과정의 교과를 거의 포함하고 있기 때문에, 이러한 노력을 지속하기 위해 위원회로 작업하는 전체 학급을 안내할 필요가 있다. 교사의 역할에서 일정 부분은 모든 학생이 전 과정을 계속 지도받을 수 있도록 돕기 위해 단원 계획에서부터 반성적 평가에 이르기까지 자기 역할을 하도록 보장하는 일이다.

◆ *움직임/신체교육(30+분)*

이것은 신체연습, 게임, 참여를 요구하는 기타 활동에 전념하는 것이다. 팀 활동과 개별 활동뿐만 아니라 협동과 경쟁에 강조를 둔다.

◆ *휴식 시간(아침, 오후)*

휴식 시간은 전적으로 학생들의 것이며 일상생활으로부터의 진정한 휴식으로 간주된다. 휴식 시간은 놀이, 기분 전환, 우정의 시간이고 어떤 경우에는 취침 시간이기도 하다.

교육과정의 균형

학생들이 스스로 무엇을 공부해야 할지를 결정하기 때문에 흔히 교육과정의 균형 문제나 흔히 교육과정 불균형의 문제가 논리적 관심사가 된다. 전통적 교육과정에서 학생들은 전 교과 영역을 접하게 된다. 성인들이 많은 시간 동안 학생들이 어떻게 수학, 읽기 등에 전념할 것인지를 결정한다. EECES 교육과정에서 상황은 반전된다. 즉 개인들이 얼마나 많은 시간을 읽기, 수학 등에 전념할 것인지를 결정한다. 그러나 교육과정의 성공에 중요한 두 가지의 미묘한 요소가 작용한다.

◆ *의도적 선택*

첫 번째 선택은 의도적인 틀 내에서 선택이라는 민주주의적 아이디어이다. 기본적으로 센터는 학교의 교과를 대표한다. 사실상 전통적 교육과정 전체가 존재한다. 학생이 어떤 센터를 방문할 것인지를 선택한다. 학생들에게 선택을 허용함으로써 책임감을 갖고 의미 있는 선택을 하는 기회를 제공한다. 또한 그것은 변화된 교육과정 심리학을 만들어 낸다. 왜냐하면 학생은 다른 사람들에 의해 지시된 상황과 반대로 무엇인가를 학습하기 위해 선택하기 때문이다.

◆ *양육자로서의 교사*

두 번째 요소는 학생들의 흥미에 관해서 개인과 듣고 말하며,

> 학생들의 탐구를 지원하고, 배려하고 책임 있는 성인들의 상담 지도를 제공할 수 있는 전통적인 교사주도 교육과정보다 훨씬 더 많은 시간을 할애하는 교사의 양육적인 역할이다. 만약 한 학생이 지속적으로 수학 센터를 회피한다면, 교사는 그 이유를 알기 위한 기회를 갖는다. 그것은 수학에 대한 싫증과 상관없으며, 단순히 수학이 진술되거나 지각되는 것을 학생에 의해 진술되는 방식인 것이다. 흔히 학생의 흥미는 관계적 맥락에서 학생이 스스로 상상할 수 없었던 가능성을 안내할 수 있는 교사에 의해 고무된다.

그러나 마지막으로 교육과정이 어떻게 구성되었든지 어떤 교육과정에서도 균형은 거의 이루어지지 않는다. 우리가 심지어 학생들에게 '균형'을 강요할 때조차도 학생들은 실제적 학습을 회피하는 십여 가지의 방법을 찾아낸다. 적어도 Platon 시대 이후부터 배우고 싶지 않은 것을 배우도록 인간을 강요할 수 없다는 것은 잘 알려져 있다. EECES의 주장은 학생들이 풍부한 양육 환경에서 자신들의 흥미를 따르도록 허용될 때, 그들은 의미 있는 선택을 하는 것을 배운다는 것이다. 아이들이 야채를 먹지 않으면 크고 튼튼하게 자라지 못할 것이라고 수년간 주장되었다. 또한 아동들의 건강에 좋은 일련의 선택 내에서 자신들의 식사를 고르도록 기회가 주어진다면, 실제로 자신들이 필요로 하는 음식을 먹을 것이다. 이러한 논쟁은 계속될 것이다.

EECES 교육과정은 상업적이거나 비상업적이거나 어떤 특정 교육과정 프로젝트를 대표하지 않는다는 것을 주목하시오. 오히려 이 교육과정은 오래 지속되는 진보주의 교육의 아동중심 흥미센터 접근법의 전형이다. 이 교육과정은 변함없이 어느 학교에서 적용될 때 지역적으로 변형된다. 진보주의의 전형적인 수백 가지의 유아교육과 초등학교의 프로젝트이기는 하지만, EECES의 많은 아이디어는 이론과 실제와 아동중심의 교수와 학습에 전념한 미네소타 대학의 Harlan 교수와 Ruth Hansen 교수의 공헌에 기초한다.

생각해 보기

어떤 교육과정 모델은 중등학교에 초점을 맞춘다. 어떤 학교는 아동들에게 전념한다.

- 당신이 생각하기에 모든 k-12 학생들에게 공통된 어떤 특징이 있는가?

본보기 3

Reggio Emilia 교육:

프로젝트 기반 아동중심 지역사회 접근법

> 성인들이 아동이 행하고 이해하는 다양한 분야에서 이루는 결과보다 아동의 인지 과정에 보다 주의를 기울일 때, 창의성은 더욱 두드러진다.
>
> *Loris Malaguzzi*

설명 및 간략한 역사

Reggio Emilia 접근법은 이탈리아의 Reggio Emilia시에서 개발된 유아교육 프로그램에 기반을 두고 있다. 40년 이상 이 작고 부유한 공동체는 6세 이하의 아동들에게 고품질의 보육을 제공하는 데에 상당한 예산을 투자했다. 이 접근법은 센터에서의 경험적 탐구 학습에 의해 구성주의와 진보주의적 교육 실제를 융합시킨 것이다. Reggio Emilia의 진술된 목표는 이탈리아의 불행한 20세기 파시스트 과거사에서 벗어나고자 하는 시도를 반영하는 것으로, 아이들이 "민주 사회를 재건하고 보장하는 데에 필수적인 비판적 사고와 협동 기능"을 습득할 수 있도록 도와주는 것이다(New, 2000, p. 1).

이 시스템은 설립자인 Loris Malaguzzi(1920~1994)의 연구와 아동은 지역사회의 공동 책임이라는 이탈리아에서 용인된 문화적 규범에 기반을 둔다(New, 1993). Malaguzzi는 Reggio Emilia를 연구, 학습, 재음미, 재고 그리고 반성의 장소로 만드는 것을 목표로 삼았다. Reggio Emilia 교육과정에서는 모든 아동이 학교 공동체에서 소속감을 느끼도록 보장하며, 그리고 각 아동이 개인으로서의 정체감을 강화시키기 위한 일관된 노력이 이루어진다(Edmiaston & Fitzgerald, 2000, p. 66). 지침이 되는 전제는 아동은 "세상과 어떻게 관계를 맺는지를 선천적으로 이해할 수 있다."는 공유된 신념이다(Bennett, 2001, p. 2). Malaguzzi는 아동이 언어, 쓰기, 동작, 그리기, 그림, 짓기, 조각, 그림자극, 콜라주, 극놀이, 음악 등을 포함한 다양한 상징적 · 시각적 수단을 통해 자신의 이해를 표현하는 교육과정에 대한 신념을 가졌다. 이것이 Malaguzzi가 '아동의 백 가지 언어(the hundred language of children)' 라고 언급한 것의 일부분이다.

Reggio Emilia는 다음과 같은 네 가지 주요 원리를 활용한다.

- 다른 아동 및 성인과의 협동적 관계 장려
- 학습과 성장을 위한 효과적인 환경의 조성
- 프로젝트 기반 교육과정 경험의 개발
- 다양한 방식의 학습에 대한 기록 작업(Edmiaston & Fitzgerald, 2000, p. 66).

그러므로 관찰자는 프로젝트가 착수되고 평가가 경험에서부터 자연스럽게 계속 이어지는 자극적이며 실제적 환경에서 아이들이 함께 학습하는 것을 목격한다.

이스트테네시 주립대학교의 아동학습 및 개발센터는 Reggio Emilia 접근법의 여덟 가지 특징을 열거한다.

1. *아동의 이미지*: 모든 아동은 잠재력을 지니고 있고 자신들의 학습을 구성하며 역량을 가지고 있다.
2. *지역사회와 시스템*: 아동, 가족, 교사, 학부모, 그리고 지역사회가 상호 작용하며 함께 작업한다.

3. *환경과 미에 대한 관심*: 학교와 교실은 아름다운 장소이다.
4. *교사들의 협력*: 팀과 파트너가 함께 일하고 정보를 공유하며 프로젝트를 분담한다.
5. *시계가 정하지 않은 시간*: 아동의 속도/시간표를 존중하고 교사들이 수년간 함께하며 관계는 변함없이 유지된다.
6. *현성 교육과정/프로젝트*: 아동이 참가하며 새로운 통찰력을 부가하기 위해 계속 되풀이해 돌아오면서(나선형 교육과정) 아동기의 흥미를 따른다.
7. *환경적 자극*: 활동, 참여, 발견 그리고 다양한 매체의 활용을 장려한다.
8. *기록 작업*: 아동의 학습을 관찰하고 기록하고 생각하고 보여 준다.

교육과정

교육과정은 학생의 흥미에 기반을 두며 수많은 "창의적 사고와 탐구를 위한 수많은 기회, 또래들 간의 실생활 문제 해결을 포함하여 현대 유아연구에서 주장하는 여러 가지 특징을 갖는다." (New, 1993, p. 2). Reggio Emilia는 공식적 교육과정이 아니다. 교사들은 미리 결정된 범위와 계열을 따르지 않으며, 읽기와 쓰기에서 집중수업을 제공하지 않는다(Edwards, 2002). 그 대신에 "아동들이 협동적 소집단의 맥락 속에서 여러 또래들과 함께 작업하는 기회를 마련해 주기 위해 교실 활동이 준비된다" (Edmiaston & Fitzgerald, 2000, p. 67). 교사들은 소집단의 아동들과 함께 장기적이고 개방된 프로젝트를 수행해 나가는 한편, 나머지 학급의 아동들은 취학 전 교실 활동에 특유한 다양한 활동에 참여하는 것이 보통이다(New, 1993).

교사들이 일반적인 교육 목표의 틀 안에서 작업한다 하더라도, 그들은 프로젝트에 대한 특정 목표를 제시하지 않는다. 교수와 학습은 "충분한 시간과 심층적인 재음미와 재검토를 포함하는 성인과 아동 간의 협상적이고 발현적 과정으로 간주된다(Edwards, 2002, pp. 5-6). 프로젝트의 주제는 학생의 흥미에 대한 교사의 관찰에서 나온다. 이것은 교사가 학생들을 잘 알고 있어야 함을 의미한다. 교사는 학생들에게 흥미 있는 주제를 탐구할 자료와 기회를 소개함으로써 학생들의 학습을 촉진시킨다. New(1993, p. 2)는 다음과 같이 기술한다.

> 조사의 주제는 교사가 아동들의 자발적인 놀이와 탐구에 대한 관찰로부터 직접 비롯될 수 있다. 프로젝트의 주제는 또한 학문적 호기심이나 교사 또는 학부모 측의 사회적 관심, 또는 아동과 교사의 주의를 유도하는 우연한 사건에 근거하여 선택된다. 레지오 교사들은 그들의 임시변통하는 능력과 기대하지 않았던 것을 즐기는 아동들의 성향에 반응하는 능력에 보다 높은 가치를 둔다. 그 기원과는 상관없이 성공적인 프로젝트는 충분한 정도의 흥미와 아동의 창의적 사고와 문제 해결을 자극하기 위한 불확실성을 유발하며, 여러 가지 탐구 수단에 대하여 개방적이다.

Reggio Emilia의 조직 구조는 교육과정의 계획에 기여한다. 두 명의 교사로 이루어진 팀이 각 학급에 대한 책임을 분담하는데, 한 교사가 학생의 상호 작용을 관찰하고 기록 작업을 맡는다. 교육과정의 결정은 교사, 학부모, 그리고 교육과정 전문가들이 분담한 관찰에 근거한다. 그러므로 각 학교는 한 학급당 두 명의 교사와 읍 의회에 직접 보고를 하는 행정가, 미술전문교사(atelierista: 교육과정 개발 및 기록에 있어서 학급의 교사들과 함께 일하는 미술 양성교육을 받은 교사—역주) 그리고 몇 명의 보조 직원을 둔다. 환경 그 자체는 '제3의 교사'로 알려져 있다. 학급은 서로 통합되어 있고 학교는 지역사회와 통합되어 있음을 보장해 주는 물리적 환경의 조직에 특별한 주의를 기울인다 (New, 1993, pp. 1-2).

교사와 학생의 역할

Malaguzzi는 아동이 '세상과 관계를 맺는 방법에 대해 선천적인 이해' (Bennett, 2001, p. 2)를 갖고 있다고 확신하였다. 그러므로 아동은 질문하는 것과 그러한 질문에 응답할 자료를 수집하는 것을 배움으로써 학급에서 연구자가 될 것을 요청받는다(Bennett, 2001, p. 2). 교사의 역할은 지원하고, 양육하며, 그리고 촉진하는 것이다. 바꾸어 말하면 아동으로 하여금 자신감이 생기고 학습을 즐길 수 있도록 해 주는 그 어떤 것이다. 이는 단지 교사가 자신의 학생을 알고 배려하는 범위에서 일어날 수 있다. 또한 교사는 학부모와 지역사회의 가교 역할을 하고, 이들이 학교생활에 참여하도록 기대된다.

'관계' 라는 용어는 Reggio Emilia에서 끊임없이 주목을 받는다. "다른 아이들, 가족, 교사, 사회 그리고 환경과의 상호 관계"와 같은 '타자와 관련된 각 아동' 이라는 개념에 역점이 주어진다(Edwards, 2002). 교사는 공동체로서의 학급을 강조하며, 타인에 대한 긍정적 반응을 모델링하는 작업을 한다(Edmiaston & Fitzgerald, 2000). 학부모들은 특히 학교생활에 참여하고 학교의 방침, 교육과정 계획 및 평가, 그리고 아동의 복지에 관한 결정을 내리는 데에 도움을 줄 것으로 기대된다.

평가

'아동의 백 가지 언어'라는 Malaguzzi의 철학을 감안하면, 사람들이 기대하는 것처럼 Reggio Emilia는 다양한 방식으로 학습에 대한 기록 작업을 장려한다. 기록 작업은 "작업 과정에서 아동의 경험, 기억, 사고 그리고 아이디어"에 초점을 맞추며, 보통 다음과 같은 관찰, 테이프 녹음 전사, 그리고 사진 등이 포함된다(Katz & Chard, 1996).

- 일부 서로 다른 완성 단계에 있는 아동의 작품 샘플
- 진행 중인 작업을 보여 주는 사진과 자신들의 작품에 대해 토론하는 아동들의 사진
- 활동의 의도에 대해 아동 자신들의 토론, 논평, 설명의 전사물
- 학부모의 논평과 아동들과 함께 작업하는 교사 또는 다른 성인들의 논평

분명하게 역점은 진정한 평가 절차에 있다. Reggio Emilia가 유아교육 프로그램임을 감안하면, 공식적 시험 및 관련 평가 수단은 학생의 학습에 대한 기록으로서의 가치가 거의 없을 것이다. 교사의 판단, 학생의 평가, 학생의 수행이 평가의 핵심이다.

요약

이러한 학습자중심 교육과정의 본보기는 개별 학습자의 자아실현에 초점을 맞춘다. 그러나 이러한 본보기는 학생과 교사의 환경과 상호작용도 언급한다. 어느 정도 학습자중심 교육과정과 사회중심 교육과정의 차이는 사실상 독특한 정도의 차이인 것이다. 그러므로 우리는 진보주의적 뿌리를 드러내는 교육과정 본보기의 또 다른 요소에 주목한다. 이러한 본보기는 주로 사회적 행동을 강조한다.

생각해 보기

이제 진보주의적 패러다임인 학습자중심 교육과정 그리고 그에 기초한 몇 가지 본보기를 검토한 후에, 우선 교육과정에 관한 당신의 생각을 굳히는 데에 시간을 가지시오. 당신이 각각의 주요 구성 요소에 포함되는 데 중요하다고 생각하는 것을 적으시오. 원한다면 당신은 이러

한 것이 교사로서 그리고 학생으로서 겪은 경험과 어떻게 비교되는지에 관한 생각을 적으시오.

어떤 본보기든 그것에 대한 동의 여부에 관해 개의치 마시오. 각 본보기는 특정 상황과 철학에 의해 고무되었다. 당신의 상황과 철학이 당신을 안내할 것이다.

- 나의 이상적 교육과정은 ~에 대한 강조를 포함할 것이다.
- 나의 이상적 교육과정은 ~하는 교사를 포함할 것이다.
- 나의 이상적 교육과정은 ~로써 학습하는 학생들을 포함할 것이다.
- 나의 이상적 교육과정은 ~에 의해 특징짓는 환경을 포함할 것이다.
- 나의 이상적 교육과정은 ~을 근거로 하는 평가를 포함할 것이다.

철학자이며 수학자인 Alfred North Whitehead는 그의 저서 『교육의 목적(The Aims of Education)』(1929)에서 아이들을 학교에 보내는 주요한 이유를 언급하였다. 그가 제시한 한 가지 아이디어는 다른 어떤 것보다도 근본적인 것으로 학생들은 살아 있는 존재이며, 교육의 목적은 학생들의 자기 개발을 자극하고 안내하는 것이어야 한다는 것이다. 다음은 『교육의 목적』의 1장에서 발췌한 것이다.

> 아동에게 사고 훈련을 시킬 경우에 무엇보다 활용되거나 검증되거나, 아니면 신선한 조합을 이루지 못하고 마음에 수용되는 아이디어, 즉 내가 '생기 없는 아이디어(inert ideas)'라고 부르는 것에 대해 유념해야 한다.
>
> 교육사에서 가장 두드러진 현상은 한 시대에 천재로 들끓던 학

교들이 그다음 세대에는 그저 현학과 진부함을 보여 준다는 것이다. 그 이유는 생기 없는 아이디어를 지나치게 많이 부과했기 때문이다. 생기 없는 아이디어의 교육은 무용하며, 무엇보다 해롭다.

그러면 이러한 정신적 부패에 대해서 어떻게 우리의 교육제도를 지켜야 할지 질문해 보자. 우리가 주장하는 두 가지 교육적 계명은 다음과 같다. 너무 많은 과목을 가르치지 말라. 그리고 가르치는 것은 철저히 가르쳐라.

많은 과목을 분과식으로 가르치면 생동적인 불꽃을 전혀 일으키지 못하는 단편적 지식을 수동적으로 받아들이게 된다. 아동의 교육에 도입하는 주요 아이디어는 양은 적되 중요한 것으로 하고, 가능한 한 조합이 될 수 있게 하라. 현학자들은 유용한 교육을 비웃는다. 그러나 만약 교육이 유용하지 않다면 무엇이란 말인가? 냅킨 속에 감춰 둔 재능인가? 인생의 목적이 무엇이든지 물론 교육은 유용해야 한다.

교육은 지식을 활용하는 기예의 습득이다. 이것은 전해 주기가 매우 어려운 기예이다. 실제로 교육적으로 가치 있는 교과서를 집필할 때마다 일부 검토자들이 교과서로 가르치는 것이 곤란하다고 말할 것이라는 것을 여러분은 잘 알고 있을 것이다. 그 교과서가 쉽다고 한다면 불태워져야 할 것이다. 왜냐하면 그것은 비교육적이기 때문이다.

교육이 전해 주어야 할 것은 지식을 소유하고 있는 존재의 삶을 독특하게 언급하는 특정 지식 체계와 더불어 아이디어의 힘, 아이디어의 아름다움, 아이디어의 구조에 대한 친밀한 감각이다.

Alfred North Whitehead(1929)

제 6 장

사회중심 교육과정

민주적 공동체는 학생들이 생성할 뿐만 아니라 존재하도록 돕는다. 그들은 배려하고 활동적인 장래의 시민이 될 뿐만 아니라, 오늘날 학생들이 자신들의 요구에 부응하도록 도움이 되게 한다.

Thomas Sergiovanni

교실생활에 민주주의를 가져오기 위해 학생들이 교육과정에서 진정한 발언권을 가지고 그들의 발언권이 가치가 있게 하는 것이 요구된다.

James Beane

1930년대 무렵 진보주의 교육운동은 뚜렷하게 다른 두 가지 진영으로 나뉘었다. 하나는 학습자로서의 개별 아동에게 초점을 맞추었고, 다른 하나는 교육실험실로서의 사회 전반에 초점을 맞추었다. 후자는 젊은이들을 이상적으로 보았다. 즉 적절한 교육과정 리더십이 제공된다면, 젊은이들은 준비되어 사회를 개혁할 수 있다는 것이다. 이것은 교실 벽을 넘어서 학생과 교사가 세상을 변화시킬 수 있는 지역사회에 이르는 교육과정을 의미한다.

우리는 이 장에서 사회중심 교육과정을 검토할 것이다. 우리는 사회중심 교육과정을 앞서 논의한 학습자중심 교육과정과 앞으로 논의할 지식중심 교육과정과 비교하고 대조할 것이다. 그리고 당신이 이들 세 모델의 의미와 적용에 대해 숙고할 때, 필자는 당신이 다른 두 가지 모델을 제외하고 어느 한 가지 모델에 완전히 몰두하거나 몰두하게 될 것이라고 착각하지 않는다. 필자의 추측은 당신이 사회중심 교육과정이 다른 두 가지 모델처럼 특정한 강점과 약점을 가지고 있다는 결론에 도달할 것이라는 점이다.

당신은 자신에게서 그리고 자신의 경험을 통해 각 모델의 어떤 요소를 선호할 가능성이 있다. 실제로 우리는 성향 또는 심지어 열정을 가지고 있다. 당신은 지식중심 교육과정을 선호하는가? 학습자중심 교육과정인가? 사회중심 교육과정인가? 우리 중에서 순수주의자(purists)는 매우 적다. 매우 흔히 우리는 익숙한 절충주의를 취한다. 교사와 학생들은 현실세계에 살며, 보통 우리를 위해 가장 실효가 있는 것처럼 보이는 것에 이끌린다. Abraham Lincoln이 이러한 것을 가장 적절하게 말하였다. “그러한 모종의 것을 좋아하는 사람들은 바로 자신들이 좋아하는 모종의 것에서 찾는다.”

사회중심 교육과정 목표의 구조는 사회 문제를 탐구하고 해결하는 것이다. 당신은 스스로가 현실세계의 문제를 해결하기 위해 아이들을 현실세계 속으로 데리고 나가고 싶다고 말했거나 생각해 본 적이 있는가? 그렇다면 당신은 자신의 내면에 몇 가지 사회중심적 흔적을 가지고 있다. 현실세계, 문제해결, 민주주의, 시민성과 같은 용어는 이러한 교육과정 모델에 끌리는 사람들이 선호하는 것이다. 이것은 교육과정의 사회적 행동주의 모델이다.

이것은 사회 문제를 근거로 하는 교육과정이다. 이러한 교육과정의 정향은 생활 문제를 지향한다. 즉 생활 문제, 지역사회의 문제, 현실세계의 문제가 그러한 것이다. 교육과정 또는 적어도 교육과정을 위한 원자료는 이미 현실세계에 존재한다. 사람들은 우리를 바로 가까이에 있는 실제의 공부로부터 유리시키는 단조로운 교과서, 공허한 연습, 끝없는 자습이 필요 없다는 것이다. 여러 가지 문제는 지역 환경과 그 밖에 우리 주위에 존재하며, 교사와 학생이 한 학급으로서 또는 한 학교로서 참여하기를 기다린다. 〈표 6-1〉은 사회중심 교육과정의 핵심을 열거하고 있다.

사회중심 교육과정의 기초는 현실세계의 문제 위에 구축된다. 사회 문제는 내용이며 학문적 교과가 아니고 아동의 개인적 성장과 발달도 아니다. 연어가 서식하는 하천 보존, 교실이나 학교를 더 나은 곳으로 만들기, 산학(school-to-work) 경험은 사회중심의 사례이다. 당신은 불가피하게 사회중심 교육과정 속에서 실제 문제가 존재하는 현실세계를 위해 교실의 좁은 한계를 벗어나려고 노력하는 활동주의자로서의 학생과 교사의 이미지를 발견할 것이다.

아이러니하게도 유명한 교육과정 전문가인 John Goodlad(1984)는 한때 학생들이 집단 속에서 홀로 학습하려고 학교에 온다는 것을 관찰했다. 이러한 것을 그는 학생들이 보통 그들 자신의 공부를 하라고 지시받고, 다른 학생들에 의해 둘러싸여 자신들의 시험문제에서 눈을 떼지 말라는 것으로 의미했다. 이것은 사회중심이 아니다. 결국 그러한

〈표 6-1〉 사회중심 교육과정의 핵심

강조	◆ 사회적 관련성 탐색 ◆ 시민성을 위한 교육
교수	◆ 문제해결 단원 ◆ 도구로서의 교과적 학문 ◆ 지역사회 자원인사 ◆ 팀 플래닝/팀 티칭/팀 러닝
학습	◆ 집단 프로젝트 ◆ 협동적 노력 ◆ 리더십 기회
환경	◆ 민주주의로서의 교실/학교 ◆ 교차연령/교차학년 ◆ 학습 실험실로서의 현실세계
평가	◆ 현실세계의 결과 ◆ 시민성과 리더십의 발달 ◆ 응용된 지식과 기능 ◆ 집단적 반성 ◆ 사회적 성장

견해는 대부분의 교실을 축소된 사회, 지역사회, 민주주의로 만드는 데 이바지하지 못했다. 만일 학교의 일차적 목적이 사회교육이라면, 초점은 현실세계에서의 집단의 문제 해결, 함께 작업하기, 팀 빌딩(team building), 협동적 노력, 그리고 학교생활의 본질적 요소로서 협동학습에 두어야 한다.

우리가 사회중심 교육과정에 대한 주안점을 확립했을 때, 필자는 당신이 자신과 교수와 학습에 대한 자신의 세계관을 고려하기를 원한다. 어느 정도로 당신이 이러한 요소와 일체감을 갖는가? 초점은 사회

활동에 있다. 그러므로 학교와 교육과정은 본래 사회적으로 관계된다.

참여가 핵심이다. 현실세계 활동에서 참여는 특히 그러하다. 야외극, 드라마, 팀 프로젝트, 조회, 학생회, 협동학습, 더 나은 환경 변화, 생태학, 보전 노력, 평화교육 등이 이러한 교육과정의 본질이다. 이것은 사회중심 교육과정의 일상적인 것이다. 현실세계와의 관련성 그리고 여러분이 집단 노력을 통해 발견한 세상보다 세상을 더 나은 곳으로 유지하는 것이 이러한 참여의 핵심이다. 보통 이것은 지역사회 속의 프로젝트를 의미한다.

프로젝트 접근법은 사회중심 교육과정을 지배한다. 특히 개인적인 프로젝트와 개인적 노력과 대조적인 집단 프로젝트 접근법은 사회중심 교육과정으로 특징짓는다. 즉 문제는 사람들이 목표를 공유하여 함께 일했을 때 발달되는 단결심(*esprit de corps*)인 것이다. 이것을 성취하기 위해 사회중심 교육과정에서 가장 가치 있는 형태의 학습과 교수는 교실 프로젝트나 그룹 프로젝트이다. 프로젝트 접근법에서 분과로서의 학문 또는 그 자체가 목적이 되는 학문에 대한 관심과 고려가 매우 미약하다. 학문의 기능은 문제해결을 돕는 도구의 기능이다.

이 점에서 교과는 그 자체로서의 목적을 나타내지 않는다. 예를 들면 현실세계에서의 특정 문제를 해결하기 위해 학생들이 얼마만큼의 수학, 과학, 영어 등을 알고 싶어 하는가? 만일 그것이 사실이고 보통 그렇다면, 마치 목수가 망치를 그 자체로서의 목적이 아니라 일하기 위한 도구로서 사용하는 것처럼, 학생들은 도구로서 교과를 활용한다. Beane(1997, p. 96)이 기술하는 것처럼, "교육과정에서 지식의 일차적 활용은 중요한 개인과 사회 문제에 반응해야 한다는 것이다."

이제 당신은 이러한 것이 범위와 계열에서 어떤 문제가 제기되는 것을 알 수 있다. 왜냐하면 우리가 지식중심 교육과정처럼, 시간에 앞서 교육과정을 처방할 수 없기 때문이다. 만약 사회 문제에 반응하는 것이 교육과정이라면, 이것은 생활의 문제를 채택하는 것을 의미하며, 우리는 그러한 생활의 문제가 확실히 어떤 것일지 모른다. 현실세계의 문제는 혼란스러운 경향이 있고 흔히 예견하지 못한다. 중학교 학생들이 성년이 되면서 자신들의 정체성을 알려고 시도하는 경험이 그러한 것일 수 있다. 그러한 주제로 교육과정을 구성하려면 확실히 성인들의 안내가 필요하다. 그러나 또한 중요한 학생의 계획 없이는 의미 있는 성과를 거둘 수 없을 것이다. 문제는 학습자의 생활 경험에서 나와야 한다. 그러나 단지 학습자의 경험이라는 측면에서 생각하기에는 한계가 있다. 좋은 교사는 학생들이 찾은 결과를 일반화하거나 포괄적인 적용을 하도록 도울 것이다. 전통적인 의미에서 아마도 주입된 어떤 실제 경험과 함께 교과서로 배우고 뒤이어서 지필검사로 이루어지는 과학을 공부해 온 초등학교 학급의 경우를 생각해 보자.

대신에 우리는 순찰 경비대원의 지도하에 생태적으로 깨끗하게 유지하고 서식지를 보전하기 위해 야생동식물 보호구역에서 연구하는 학급을 발견한다. 이들 학생들이 생물학, 생태학, 수학, 지리학 등을 읽고 알아야 할 필요가 있다는 사실을 부정하지 않는다. 그러나 요점은 그들이 의미 있는 맥락에서 일련의 문제를 해결하기 위해 노력하고 있다는 것이다. 그래서 학문적 지식과 기능 그 자체가 목적이 아니라, 문제 해결을 위한 유용한 도구라는 것이다.

이러한 교육과정과 학교생활의 비전은 호기심을 자극한다. 영어 단어 '*school(학교)*'은 그리스어 '*schola(학교)*'에서 유래한다. 그것은 Socrates, Platon, Aristoteles 시대에 현실세계와 동떨어진 여가 장소를 의미하였다. 그것은 의도적으로 현실세계가 아니였다. 그 전제는 현실세계가 관념의 장소가 아니라는 것이었다. 현실세계는 활동 장소이다. 관념은 일어날 반성을 위한 반성의 산물이며, 장소는 관념을 위해 분리되어야 한다. 물론 그런 학교는 소수의 선택된 사람들을 위해 존재했다.

그러나 사회중심 교육과정의 지지자들은 당연히 학교에서 제공할 수 있는 최상의 경험이 현실세계의 경험이라고 주장할 것이다. 이러한 학교의 타당성에 관한 관점은 인위적인 교과서와 서로 관련이 없거나 거의 없는 분과형 교육과정을 비난한다. 필요한 것은 문화에 관여하는 것이다. 학교 밖에 있는 지역사회가 포함되도록 해야 하고 도움이 되어야 한다. 젊은 사람들은 형성적이고 이상적인 생활의 단계에 있으며, 그들이 세상에서 영향을 미칠 수 있도록 학습할 필요가 있다. 이러한 주장은 학교의 담장을 넘어 응용된 지식, 살아 있는 시민성, 공유된 경험에 찬성한다.

집단에 대한 강조와 집단적 맥락 속의 자아

사회중심 교육과정에서 초점은 집단과 집단행동에 있다. 개인적인 것(개인의 성장과 발달)은 집단 상황에서 고려된다. 문제는 "무엇을 집단에서 성취할 수 있는가?, 우리가 개인적으로 할 수 없는 무엇을 같이 할 수 있는가?" 이다. 학습자중심 교육과정에서 초점은 명백히 개인적이고, 지식중심 교육과정에서 초점은 매우 명백하게 학문적인 것이다. 이러한 것은 확실히 지나치게 단순화된 것이다. 그러나 이러한 것은 기본적이고 중요한 우선순위를 지적하는 것이다. 이러한 것은 우리를 이 경로 또는 저 경로를 따를 경우 중요한 것을 타협하도록 돕는다.

모든 사회중심적 접근법이 교육과정에 환경 프로젝트를 포함하는 것은 아니다. 고등학교에서 인기 있는 산학활동은 또한 사회중심 교육과정의 한 예이다.

어떤 직업에 입직하기 원하는 학생들은 병원, 기업, 그리고 그들의 학교 경험으로서의 기타 직장에서 시간을 보낼 기회가 주어진다. 그들은 직접적으로 직장에서 무슨 일을 하는지 알고 거기에 참여하도록 자극을 받는다. 여러 해에 걸쳐 다양한 형태를 취하는 모든 직업교육운동은 사회중심 모델에 근거를 둔다.

사회중심 교육과정은 문제해결 교육과정이다. 이 교육과정은 인위적 문제, 퍼즐, 연습 또는 교과서에서 활동을 찾지 않고, 현실세계와 관련된 문제에 초점을 맞춘다. 사회중심 교사는 학급으로 하여금 지역사회에 어떤 문제가 있는지 탐구하고, 어느 정도로 이러한 문제에 초점을 맞출 수 있으며, 지역사회를 더 나은 곳으로 만들기 위해 뭔가를 해야 하는지 알도록 격려한다. 지역에 요양원이 있다면 사회중심 교사는 학생들이 단지 추상적인 문제가 아니라, 우리 사회에서 노인들의 어려움을 고려하도록 권유할 수 있다. 요양원에 수용된 노인들은 흔히 외롭고, 소외되고, 우울하다. 우리가 그들의 삶의 질을 향상시키기 위해 할 수 있는 것이 무엇인가? 우리가 어떻게 기여할 수 있는가? 프로젝트는 요구 이해하기, 문제 설명하기, 계획하기, 요구된 활동 받아들이기, 그리고 노력의 성공 정도 숙고하기로부터 문제해결의 모든 단계에 학생들이 참여하는 경험이 구체화되기 시작한다.

사회중심 교사는 마치 그 자체를 위해 가치가 있는 것처럼 학문적 지식을 가르치기보다 민주주의, 참여와 시민성의 조건을 만드는 데 더 관심을 갖고 있다. Eby(1952, p. 659)가 오래전에 언급한 것처럼 "기능하는 유일한 지식은 단지 일시적으로 소중히 간직된다." 사실 사회중심 교사들은 학문적 지식과 교과서와 같은 전통적인 출처에서 발견된 정보를 생동감 없는 지식으로, 기능하지 않고 어떻게든 응용되지 않으면 죽은 지식으로 여기는 경향이 있다. 그들은 현실세계의 경험에서 비롯된 지식을 살아 있고 유기적이며 실제적인 그리고 삶을 변화시키는 지식으로 바라본다.

교사의 역할

교사의 역할은 학습자중심 교육과정 교사의 역할과 어느 정도 비슷한 방식으로서의 촉진자의 역할이다. 차이는 개인적인 것에 초점을 찾는 것이 아니라, 집단 노력을 돕는 데 있다. 이러한 집단 노력은 아이들이 함께 있으며, 서로를 필요로 하고 그것이 연구와 과학 박람회와 깨끗한 환경과 안전한 학교를 만드는 것이든 집단으로 해야 한다는 것을 알게 하는 것이다. 이것이 명백한 것처럼 보이지만 상상할 수 있는 것보다 더 도전적이다. 물론 학생들은 집단으로 연구해야 한다. 그러나 한 집단 이상의 집단 지향적인 교사는 사회적 기능을 발달시키고, 협동적인 풍토를 조성하며, 진정한 팀 빌딩을 위한 요구를 어렵게 학습하였다.

사회중심 교육과정에 부합하는 상투적인 말 중 하나는 "지구적으로 생각하고 지역적으로 행동하라."이다. 이미 당신은 이 말을 들어 봤을 것이다. 그러나 거기에는 모종의 것이 있다. 그러한 사회 교육과정의 좋은 사례로 멕시코 남부에 사는 아동에 관해 드러난 이야기를 살펴보자. 그 지역의 열대우림은 커피 플랜테이션의 확대와 목장과 농업을 위해 개벌되어 급속히 감소되고 있었다. 그래서 그녀는 학급 친구와 함께 지역 환경을 약탈하지 못하도록 압력을 가하기 위한 '팀'을 만들 수 있는지 여부를 알기 위해 전 세계의 학생들에게 인터넷을 활용하여 편지를 쓰기 시작했다. 그녀의 초점은 지역 환경이었다. 이것은 공교롭게 열대우림이었다. 그러나 그녀는 지역적으로 행동하고 지구적으로 생각했으며, 세계의 다른 사람들도 또한 참여하게 하였다. 명백히 교사는 그러한 노력을 촉진하도록 도울 수 있다. 전형적인 이런 종류의 것들은 좋은 교사 없이는 일어날 수 없다.

또 다른 예는 캐나다 브리티시 컬럼비아 주의 빅토리아 시에서 근무하는 교사에 관한 것이다. 그녀는 자신의 중학교 학생들로 하여금 브리티시 컬럼비아 주의 페리선에서 스티로폼 컵의 사용을 금지하기 위한 개혁운동에 참여하게 했다. 학생들은 왜 종이컵을 사용하는 것이 스티로폼 컵보다 더 나은지, 그리고 이러한 것이 환경에 어떤 영향을 미치는지를 보여 주기 위해 과학적 연구를 수행하였다. 자신들의 연구 결과를 발표하도록 요구받자 학생들은 브리티시 컬럼비아 주의 페리선 시스템에서 스티로폼 용기 사용을 중단하고 종이 용기로 바꾸도록 설득하였다. 교사는 그것을 촉진시킬 필요가 있었다. 교사의 리더십이 아이들이 할 수 있는 것을 하도록 동원되었다.

통합학습

당신은 전통적인 교과 교육과정을 사회중심 환경 속에서 찾지 못할 것이다. 반면에 당신은 통합학습으로서 알려진 것이 무엇인지 발견한다. 통합학습은 문제에 초점이 맞춰진 교육과정 유형을 보여 준다. 문제에 초점을 맞춘 교사와 학생은 교과가 어떻게 도움이 될지 여부를 물음으로써 문제로부터 거꾸로 연구한다. 어떤 지식과 기능이 시의회에 보낼 효과적인 편지를 쓰기 위해 필요한가? 학생들은 그들이 만일 유용한 흙과 물 샘플을 얻으려 한다면 기본 과학에서 무엇을 알아야 하는가? 지식은 연장 상자의 연장처럼 기능하며 필요할 때 사용된다. 요점은 학문이 문제 해결을 위해 사용되는 수단이라는 것이다.

그러나 학문적 지식을 현명하게 사용하는 것보다 더 많은 통합학습이 있다. 집단 연구, 협동, 팀 빌딩이라는 사회적 기능은 더 미묘한 통합을 요구한다. 즉 사람들의 통합이 그러하다. 당신이 사회교육 없이는 도덕교육을 받을 수 없다는 주장은 타당하다. 왜냐하면 학생들은 함께 연구하며 그들은 자신들의 가치를 시험하는 데서 찾게 마련이다.

그들은 정의, 공평, 팀워크, 협동, 시민성, 민주주의, 배려, 연민 그리고 모두를 위한 조건을 향상시키려는 욕망과 같은 쟁점을 안고 살고 있는 자신을 발견하게 될 것이다.

이 책에서 비판이론과 신맑스주의 교육과정의 관점에 주의를 기울이지 않은 점에 대해 질문이 제기될 수 있다. 필자가 이러한 관점을 포함하지 않은 이유는 이러한 교육과정이 원래 미국의 학교에서 존재하지 않으며 주로 현실 상황에 대한 비판이기 때문이다. 이것은 거의 교육과정의 형태를 갖지 못한다. 아마도 가장 유명한 시도 중의 하나는 Paulo Freire가 1970년에 출판한 『억압된 자들을 위한 교육학(Pedagogy of the Oppressed)』(최근 『페다고지』라는 제목으로 번역 출판됨－역주)이었다. 이 책은 특히 성인교육계를 열광시켰다. 문해 프로그램을 통한 브라질 빈민에 대한 권한 위임이라는 Freire의 아이디어는 수많은 찬사를 받았다. 후에 Freire는 브라질의 교육부장관이 되었다. 그러나 학교 분야의 고질적이고 관료성과 기득권자들의 타성을 감안한다면, 아웃사이더로서 그는 근본적인 변화보다는 일반적인 교육체제에서 드러난 병폐를 비판하는 데 더 익숙한 것 같다.

요약

교과와 사람이 통합되어 있는 교육과정에서 사람들은 수많은 학생 간의 상호 작용, 의사 결정, 지배구조를 합리적으로 찾기를 기대한다. 어떤 교사는 실제로 그것을 회피하려고 결심할 정도로 이것이 성가실 수 있다. 다른 학생들보다 타인과 함께 공부하는 것이 더 자연스럽게 다가오는 학생들이 있다. 그렇지만 이것이 민주주의의 본질이다. 우리에게 학교가 있는 것은 그러한 이유 때문이다. John Dewey는 부수학습(collateral learning)으로서 협동적 노력에서 필연적으로 발생하는 그러한 성장 기회를 언급했다. Piaget는 그것을 사회적 지식이라 불렀다.

사회중심 교육과정에서는 항상 지역사회와의 유대의식과 인위적인 교실의 제약에서 벗어난다는 의식이 존재한다. 학습자중심 교육과정과 사회중심 교육과정 모두는 학생의 흥미, 의사 결정, 능동적 학습을 강조하는 진보주의 교육철학에서 비롯된다. 이들 교육과정은 많은 점을 공유하며, 특히 본질주의 · 전통주의 교수와 학습에 대한 경멸이 그러하다. 이들 교육과정이 의견을 달리하는 점은 개별 학습자 또는 집단 그리고 개인적인 꿈의 실현 또는 세계에 대한 영향력의 행사 중에서 어디에 더 역점을 두느냐의 문제이다.

생각해 보기

당신이 사회중심적 관점에 대한 교장 개인의 이야기를 읽고 두 가지 본보기를 검토하기 전에, 마지막에 언급된 두 가지 성향에 대한 당신의 생각을 정리하시오.

- 당신의 이상적인 교실은 얼마나 '어수선'한가?
- 당신은 어느 특정 교수(teaching)의 실제를 '경멸'하는가?

교장 선생님이 말하다: 사회중심 교육과정의 관점

Hal Sanders는 이스트 밸리 뷰 중학교의 교장이다. 이 학교에는 6학년에서 8학년까지 약 700명이 재적하고 있다. 그는 전직 교사였으며, 6년째 이스트 밸리 뷰 중학교의 교장으로 재직하고 있다.

> 저는 저 자신을 결코 사회중심적이거나 아동중심적이거나 또는 다른 뭐라고 생각하지 않았습니다. 그렇지만 추측컨대 저는

사회중심적이라고 부를 수도 있는 확실한 교육철학을 가지고 있습니다. 저는 학교의 핵심적인 목적에 대한 분명한 아이디어를 가지고 있습니다. 생각해 보세요. 이 아이들은 중요한 사람이며, 그들의 시간은 뭔가 가치가 있습니다. 우리는 그러한 시간을 낭비하기를 원하지 않습니다. 우리는 그들에게 우리가 할 수 있는 가장 최고의 교육을 제공하려고 합니다. 그래서 제가 스스로에게 '학교의 목적이 무엇인가?'라고 물을 때, 저의 대답은 '시민성'입니다.

물론 젊은 사람들이 학교에 다녀야 하는 다른 이유가 있습니다. 그렇지만 민주주의에서 시민성은 가장 중요한 자질입니다. 이 사회에서 우리가 정의해 온 시민성은 소중한 것입니다. 그리고 이것은 많은 권리와 특권뿐만 아니라 책임을 수반합니다. 우리는 할 수 있는 한 민주적으로 이 학교를 운영합니다. 학생들은 학교에서 권한을 갖고 있고 이것은 우리가 원하는 방식입니다. 그 문제에 대하여 그들은 그렇게 합니다. 흔히 저는 "안녕, 시민 사샤!" 또는 "안녕 시민 제니퍼!"라고 말하며 복도를 걷는 것이 좋습니다. 그들은 제게 대답합니다. "안녕하세요? 시민 샌더스!" 우리는 정말로 진심입니다.

학생회는 이곳에서 실재합니다. 학생들은 매우 진지하게 투표하며, 선출한 리더에게 많은 기대를 겁니다. 한 학생이 수년 전에 선거공약으로 내세운 선거구호는 "여러분이 저를 뽑아 주시면 공부를 열심히 해야 될 것입니다."였는데 결국 학생회장에 당선되었습니다. 자, 그들은 열심히 공부했습니다. 그녀 역시 열심히 공부했고 모범을 보였습니다. 우리 교직원들은 정말로 참여적 지배구조와 모든 사람의 완전한 참여를 믿습니다.

당신은 그러한 것을 활동교육과정뿐만 아니라 학문교육과정에서도 목격합니다. 우리는 학문교육과정과 특별활동교육과정을 말하지 않습니다. 모든 교육과정이 여기에 있습니다.

당신은 이곳이 정규 수업시간 동안 학생들이 북적이는 곳이라고 생각합니다. 당신은 정규시간 전 또는 늦은 오후에 이곳을 방문해야 합니다. 보통 학생들은 이곳에서 하루에 7시간 이상을 보냅니다. 그리고 이러한 시간은 방과 후 텔레비전 시청과 같은 데 허비할 수도 있는 생산적인 시간입니다. 우리는 확실히 당신이 생각할 수 있는 여러 가지 종류의 클럽을 운영합니다. 즉 체스클럽, 언어 클럽, 교내 운동부, 신문과 잡지클럽, 국제클럽, 음악 클럽, 미술 클럽, 과학 클럽, 탐험 클럽, 뭐든 말씀만 하세요. 각 클럽에는 후원자가 있습니다. 이러한 것은 교사와 학생들이 서로를 더욱더 잘 알게 되는 좋은 방법입니다.

저는 이것이 진부한 표현이라는 것을 알지만 여기서 '관련성'이 사실상 표어입니다. 우리 교직원 모두는 항상 외부 세계와 학생들의 세계가 관련되는 학문교육과정을 개발하는 방법을 생각해 내는 데 바쁩니다. 당신은 아마도 기초대수와 같은 과정이 지역 봉사활동에 적합하다고 생각하지 않을 것입니다. 그렇지만 여기서는 그렇습니다. 일부 연계는 지구과학과 지역 환경보전처럼 더 분명합니다. 저는 당신이 이스트 밸리 학교의 복도를 걸으면서 만나는 학생들과 이야기하면, 그들 모두가 당신에게 자신들이 참여하는 봉사 프로젝트에 대해 정말로 말해 줄 수 있다고 생각합니다.

당신이 학생들에게서 이만큼을 기대할 때, 뭔가를 분명하게 설명하는 방법을 생각해 내야 합니다. 따라서 학생들은 부담을 갖지 않게 됩니다. 교직원들은 과제, 프로젝트, 기타 과제, 클럽 활동조차 누구나 이해하게 하기 위해 팀 또는 하위 팀의 그룹으로 작업을 합니다. 물론 우리는 지역사회도 포함시킵니다. 우리가 학부모와 지역사회의 참여를 권장하기 때문에 주차장은 항상 만원입니다. 저는 우리가 이렇게 많은 것을 계속 진행할 수 있는 이유 중의 하나는 심지어 자녀가 없는 사람들뿐만 아니라 많은 사람들의 열화 같은 자원 활동 때문이라고 생각합니다.

우리는 학교와 지역사회의 취미, 스포츠, 미술, 음악, 극장, 과제, 도서관, 수학, 외국어, 체스 토너먼트 등을 위해 일주일에 최소한 이틀 밤은 학교를 개방합니다. 지역 주민들은 이 학교가 자신들을 위해 존재하기 때문에 사용한다고 알고 있습니다. 저는 이것이 우리 학생들의 시민성을 심화시키는 데 큰 도움이 된다고 생각합니다. 학생들은 어른들이 자신들의 시간을 내서 참여하는 것을 목격합니다. 그리고 학생들은 그러한 것을 자연스럽게 그러려니 생각합니다. 학교는 정기적으로 개방되기 때문에 우리는 특별한 오픈하우스 나이트를 갖지 않습니다.

저는 학업에 대해 많은 말을 하지 않았습니다. 우리는 연대 의식과 공동체 의식을 확립하기 위해 할 수 있는 팀빌딩, 협동학습, 지원 집단과 같은 그 어떤 것도 권장합니다. 저는 우리의 학업 기준이 높다고 생각합니다. 그렇지만 한 가지 이유는 확신합니다. 우리는 학생들로 하여금 자신들이 필요하며 환영받는 존재라는 것을 느끼도록 어떤 일도 마다하지 않습니다. 일부 학생들에게는 이것이 자연스럽게 다가오지만, 아마도 좀 부끄럼을 타거나 소심한 학생들은 자신들이 이곳의 일원이라는 것을 실감하게 될 정도로 학교생활에 차츰 익숙하게 되는 바로 그러한 것을 우리는 좋아합니다.

저는 모든 학생의 이름을 알고 있습니다. 누군가 학기 중에 전학을 오면 저는 그 학생과 점심 약속을 하고 그의 흥미와 꿈에 대해 알아봅니다. 저는 매일 교실을 방문하며 가끔 강의를 하거나 지원하는 것을 좋아합니다. 다른 두 관리자도 그렇게 합니다. 그분들은 항상 교실 현장에 가 있습니다. 즉 당신은 그분들

> 을 집무실에서 좀처럼 볼 수 없습니다. 교사와 학생들은 가능한 한 모두가 참여한다는 점에 신이 납니다. 우리는 우정에 관한 한 누구도 소외되는 것을 원하지 않습니다.
>
> 아마도 이곳이 완벽한 장소는 아니지만 친근하고 배려하는 장소라고 확신합니다. 그러나 여기 앉아 제게 귀 기울이는 것만으로는 충분하지 않습니다. 나가서 시민들을 만납시다.

생각해 보기

교사와 학습자 모두 교육과정 본보기의 요소로서 언급되었다. 이러한 관점은 교장에 의해 제공되었다.

◆ 당신이 가지고 있는 이상적인 학교의 개념에서 행정가의 역할이 무엇이라고 생각하는가?

본보기 4

Foxfire 교육과정:

문화저널리즘

설명과 간략한 역사

Foxfire 교육과정은 1966년에 조지아 주 북부의 애팔래치아 산맥 주변에서 "지역 학생들이 자신들의 문해 기능을 발달시키고 지역의 전통을 보존하는 지역사회에 근거한 관련 경험에 참여하려는 시도로서 시작되었다" (Kugelmass, 1995, p. 3). Foxfire 접근법은 Eliot Wigginton에 의해 개발되었는데, 문화저널리즘을 통해 "본래 고등학교 1학년 학생들에게 기초 영어 기능을 가르치려는 의도"로 만든 경험교육 프로그램으로 시작되었다(Starnes, 1999, p. 1). Wigginton의 Foxfire 프로젝트는 학생들로 하여금 "전문성 또는 역사적 관점을 갖고 있는 지역사회 구성원들"을 인터뷰하고, 그들이 학습한 것을 [기술하도록] 요구한다(AASA, online p. 1). Foxfire 교육과정의 핵심은 학생들이 만드는 *Foxfire Magazine*과 애팔래치아 산맥 주변의 생활에 관한 일련의 서적에서 찾아볼 수 있다.

Foxfire가 전국에 보급되면서 교사들은 Foxfire의 개념을 변형하였으며, 1979년 무렵에는 150종의 유사한 학생들의 출판물이 발간되었다(Olmstead, 1989). 1988년 무렵에는 약 109개 학교가 학생들이 만든 문화저널리즘을 계속 발간했다(Olmstead, 1989). 이제 Foxfire 교육과정은 본래의 문화저널리즘 출판물과 이에 부수하는 교실 경험에서 드러나는 전반적인 교육과정 접근법으로 인정되고 있다(Starnes, 1999). Foxfire 접근법은 현재 38개 주의 교사들이 활용하고 있다(AASA).

철학

Starnes(1999)는 교수와 학습에 대한 Foxfire의 접근법이 원래의 Foxfire 프로젝트 교실 경험에서 드러난 11개의 중핵적 실제로 정의되고 있다고 말한다. Foxfire의 11개의 중핵적 실제는 교수, 학습, 평가의 실제를 위한 틀을 제공한다.

1. 교실에서의 수업에는 학생의 선택과 설계가 주입되어 있다.
2. 교사의 역할은 협력자이며 촉진자이다.
3. 수업의 학문적 성실성은 명확하다.
4. 수업은 능동학습으로 특징짓는다.
5. 소집단 수업, 또래교수, 그리고 모든 학생들이 포함되는 데 역점을 둔다.
6. 교실 수업과 지역사회 사이의 연계는 명확하다.
7. 학생의 수업을 위한 교사 이외에 관객이 있다.
8. 새로운 학습에는 사전에 습득한 기능과 이해가 포함된다.
9. 학습 경험은 창의적 사고와 행위를 고무한다.
10. 반성은 수업을 통한 핵심 포인트에서 일어난다.
11. 수업에는 엄격하고 계속적인 평가가 포함된다.

Starnes(1999)와 그녀의 동료인 Paris와 Stevens는 Foxfire의 11개 중핵적 실제를 다음과 같이 설명한다.

1. 교사와 학습자가 함께하는 수업은 처음부터 학습자가 선택하고 설계하고 수정하는 것으로 주입된다.
2. 교사의 역할은 촉진자와 협력자이다.
3. 교사와 학습자가 함께 하는 수업의 학문적 성실성은 분명하다.
4. 수업은 능동학습으로 특징짓는다.

5. 또래교수, 소집단 수업과 팀워크는 모두 교실 활동의 일관된 특징이다.
6. 교실 수업과 주변 지역사회, 그 너머 세계 사이의 연관은 명확하다.
7. 학습자의 수업을 위한 교사 이외에 관객이 있다.
8. 기능과 이해 위에 구축된 과거의 경험에서 배운 수업을 통합한 과거의 활동에서 유래한 우아하게 나선형을 이루는 새로운 활동은 확대될 수 있다.
9. 상상력과 창의성은 학습자의 활동이 완성되도록 격려된다.
10. 반성은 수업을 통한 핵심 포인트에서 일어나는 본질적인 활동이다.
11. 교사와 학습자가 함께하는 수업에는 엄격하고 계속적인 사정(assessment)과 평가(evaluation)가 포함된다.

교육과정으로서의 문화저널리즘

Foxfire 교육과정은 문화저널리즘으로 이루어져 있다. 비록 문화저널리즘이 새로운 과정(process)은 아니지만, 이 용어는 *Foxfire Magazine* 에 의해 "고무된 여러 출판물을 기술하기 위해 처음 사용되었다." (online p. 1)고 Olmstead(1989)는 말한다. Olmstead(1989)는 문화저널리즘에서 "저자들은 다른 많은 집단의 인종적 기원, 직업 또는 환경에 의해 정의된 전통적인 기능과 가치를 연대순으로 기술한다." (online p. 1)고 말한다. 학생들이 만든 문화저널리즘 출판물은 책, 잡지, 신문 그리고 선집과 같은 다양한 형태를 띤다.

부연하면 문화저널리즘은 비디오, 오디오 테이프, 라디오 방송, 텔레비전 제작물, 그리고 웹 사이트와 같은 인쇄물이 아닌 형식을 취할 수 있다. Olmstead(1989)는 문화저널리즘이 "학문적인 연구를 하는 학생들을 위한 실제적 · 구체적 이유를 제시한다."(online p. 2)는 점에서 학생들에게 도움이 된다고 말한다. 왜냐하면 최종 결과물은 대중의 검토를 받기 때문에, 학생들은 "언어를 효과적이고 올바르게 사용하는 과제"와 학문적 정직성이라는 개념을 심각하게 받아들인다(Olmstead, 1989).

교사와 학생의 역할

Foxfire 접근법은 교사와 학생의 역할을 기술하기보다는 교사, 학습자, 교육과정과 지역사회의 관련성을 강조한다(Starnes 1999, online p. 2). Foxfire 교육과정은 "학습자중심과 지역사회에 초점이 맞춰져 있다."(Starnes, 1999, online p. 2). 교사는 학습 목표와 지역사회로의 교육과정의 통합에 영향을 주는 결정에 학생들이 참여하도록 조정하는 역할을 한다. 교사는 "학생들이 지역사회에서 정보와 자원을 찾음으로써 필수 기능과 내용을 배울 수 있는 방법을 확인하도록 돕는다."(AASA). 학생들은 문화저널리즘의 구체적 결과물을 출판하는 공통의 목표를 가지고 지역사회 내의 자원과 상호 작용하며, 학생들 서로 간에 상호 작용한다.

평가

Foxfire 접근법에서 학생들은 그들 자신의 평가에 참여한다. 그리고 자신들의 탐구와 학습의 자연스러운 일환으로서 평가를 개발하도록 기대된다. "교사는 학생들의 활동이 교육과정의 기대에 부응하도록 수행평가 개발에 학생들이 참여하도록 권장받는다."(AASA, online p. 3). 다시 말해서 전통적 평가 형태가 특히 관련되지 않는다. 학생들은 현실세계의 조사를 수행하며, 그러한 개념은 특히 기사, 전시나 공연 같은 형태로 평가가 현실세계의 조사에서 합리적으로 나와야 한다는 것이다. Foxfire 탐구는 학술 활동만으로서 수행되는 것이 아니라, 다양한 형식으로 출판 목적을 위해 수행된다는 사실은 원고 마감시간 맞추기, 올바른 문법, 보고의 성실성, 그리고 이러한 출판물을 읽는 대중에게 유창하고 정확하게 의사 소통하는 능력이 학교생활에서 거의 실현되지 않는 종류의 평가라는 것을 의미한다.

생각해 보기

- 당신은 Foxfire 교육과정 모델을 어떻게 생각하는가?
- 무엇이 Foxfire 교육과정 모델을 여러 교육과정 유형에 대한 진정한 혼합체로 만들 수 있는가? 아니면 무엇이 Foxfire 교육과정 모델이 진정한 혼합체가 되는 것을 방해하는가?
- 어떤 교육과정도 세 가지 중심 중 하나도 완전히 결여되지 않을 것이라고 감안한다면, 교실에서의 결정에 관한 당신의 생각에 영향을 주는 세 가지 중심의 비율은 어떠한가? 원을 상대적인 영향을 묘사하는 부분으로 나누시오.

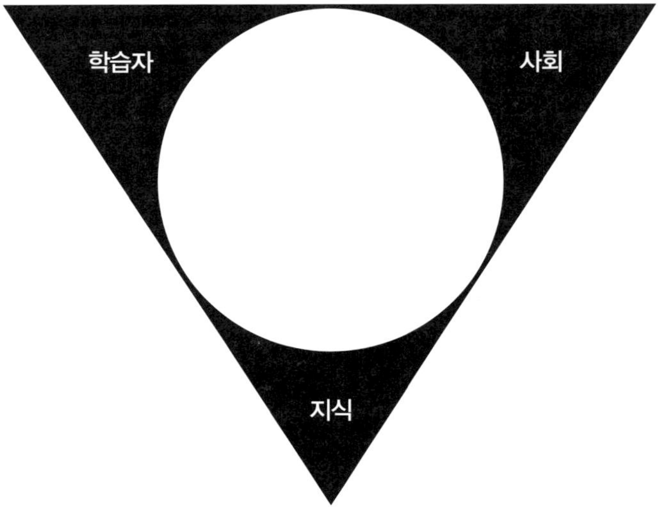

[그림 6–1] 교육과정의 세 가지 중심

본보기 5

초등학교용 통합과학과 수학(USMES) 접근법:

현실세계의 문제해결

'초등학교용 통합과학과 수학(USMES)'은 국립과학재단(NSF)에 의해 자금을 지원받는다. USMES 교육과정 프로젝트는 학교에서 과학과 수학의 상관관계에 관한 1970년 케임브리지 학술대회 참석자들의 제안에서 비롯되었다. USMES의 아이디어는 교사와 학생들이 그들의 현지 환경에서 실제 문제를 확인하고 함께 해결하도록 노력하는 것이다.

이 교육과정은 20개 이상의 다른 과제 또는 해결해야 할 문제로 이루어져 있는데, 아래에 나열된 목록과 같이 교실, 학교, 지역사회 수준에서 지역 문제에 항상 역점을 둔다. 문제와 과제는 통합된 학습단원으로서 학급에서 채택된다.

예시적 USMES 단원명

- *청량음료 설계:* 문제해결 과제는 사람들에게 매력을 끄는 청량음료를 설계하는 것이다. 학생들은 제조법 개발에 시간을 들이며, 원가 분석, 영양, 광고를 다룬다.
- *제조:* 과제는 학급으로 하여금 제조하여 시장에 내놓아 실제로 판매할 수 있으며, 필요로 하는 상품을 위한 아이디어를 제안하는 것이다.
- *소비자 조사:* 과제는 다양한 상품, 특히 학생들 자신이 소비하는

상품의 가치를 평가하는 과학적인 검사를 개발하고 수행하는 것이다.

- *당신의 길 찾기*: 과제는 현지 환경에서 한 장소로부터 다른 장소로 이동하기 위한 대체 방법(가장 빠르고, 안전하고, 경치가 좋은)을 조사하고 지도를 그리는 것이다.
- *날씨 예보*: 과제는 특히 어떤 행사(운동회, 소풍, 휴일 등)를 위해 날씨를 예보하는 방법을 배우는 것이다.
- *자연 관찰로*: 과제는 학급으로 하여금 자연 관찰로는 어떻게 만들어졌고, 실제로 그러한 환경에서 관찰로를 어떻게 구성하는지를 배우는 것이다.
- *학교 급식*: 과제는 학급으로 하여금 영양학적 · 미학적 · 공동 책임적인 학교 구내식당 등의 환경을 제안하게 하는 것이다.
- *자전거 통학*: 과제는 학급으로 하여금 자전거의 안전을 조사하고, 학교와 학교 주변에서 학생들의 일반적인 자전거 사용을 향상하기 위한 계획을 만들어 내는 것이다.
- *교통 흐름*: 학생들은 학교의 복도, 놀이터 등을 포함한 환경에서 교통 패턴을 연구하며 필요로 하는 개선사항을 제안한다.

머리글자 USMES가 의미하는 것처럼, 학생들은 과학과 수학의 기능과 지식을 문제해결을 위한 도구로서 활용하지만, 변함없이 사회와 언어와 그리고 심지어 음악과 미술이 중요하게 작용한다. 진보적인 뿌리에 충실한 USMES는 반드시 본래 가치 있는 어떤 것이 아니라, 도구로서 학문에서 비롯된 교과에 초점을 둔다. 그러한 점에서 USMES는 진보주의적 도구주의 철학의 조건을 만족시킨다.

문제해결 과제나 단원은 '제조'와 같은 토픽을 포함한다. 이러한 토픽에서 학급은 상품, 제품 개발, 대량 생산, 그리고 소비자에게 판매하기 위한 아이디어를 제안하도록 도전받는다. 흔히 학급은 벤처사업에 자본을 제공하기 위해 지역 은행에서 소액 융자를 받는다. 재료가 구입되고, 직무는 학생들이 분담하며 품질관리와 가격 책정과 같은 문제를 줄곧 조심스럽게 조사한다. 학생들은 '손익', '재고', '희소성', '분업', 그리고 '품질관리'와 같은 개념을 학습한다.

'소비자 조사'라는 제목의 단원에는 아이들이 정기적으로 소비하는 아침 식사용 시리얼, 땅콩버터, 학용품 등과 같은 제품 검사가 포함된다. 비판적 사고는 유명 인사의 추천과 같은 광고 수단과 위신, 소속, 지위, 그리고 경제적 가치에 대한 호소와 같은 기법을 학생들이 공부하면서 작동하기 시작한다. 흔히 학생들은 편지 쓰기, 결함이 있거나 안전하지 않은 제품, 왜곡된 주장, 그리고 일반적인 소비자 만족에 대한 캠페인을 벌인다. 여러 가지 면에서 소비자 조사 단원의 수행은 공익 조사단, Ralph Nader와 그의 동료들, 그리고 컨슈머 리포트에 의해 완결된 업무를 상기시킨다. 이 단원에는 상당히 많은 사회적 행동주의의 전통이 있다.

어느 USMES 단원이든지 초점은 실제 문제를 해결하려는 집단(개인적이 아닌)의 노력에 있다. 보통 한 단원은 대개 3주나 4주 동안 지속되며, 흔히 이러한 단원은 다른 단원으로 자연적인 전이를 마련한다. USMES 단원은 과학, 수학, 언어과, 사회과로부터 기능과 지식을 요구하는 분과와 학교 교육과정의 다른 분야보다는 통합연구에 기초를 둔다. 그렇지만 그런 지식과 기능은 문제해결을 위한 도구를 의미하며, 본래 목적으로서 연구되지 않는다. 그래서 예컨대 어떤 제품을 검사할 때, 학생들은 결론을 내리고 제안하기 위해 광고기법, 내용분석, 다양한 측정 기법에 대한 연구를 활용한다.

학생의 역할

교사의 역할은 중요하지만 분명히 학습에 대한 주도자보다는 촉진자의 역할이다. 그러한 생각은 학생들이 적절한 조사방법을 결정하고, 책임을 분담하며, 데이터를 분석하며 보고서를 준비하고 제안해야 한다는 것이다. USMES 접근법은 학생의 자율학습과 자습을 지지하지 않는다. 항상 초점은 집단으로 되돌아오며, 매일 진척 사항을 검토하고, 어려움을 토론하고, 초점을 유지하며, 교정하고, 통찰력을 공유하며, 과제를 할당하기 위한 목적으로 학급회의가 계획된다. 교사는 제안하고 필요한 중재를 마련하며, 자료와 출처를 찾는 것으로 학생들을 돕는다. 그러나 교사는 학습의 주도자보다는 안내자 역할을 한다.

USMES 교육과정의 흥미로운 특징 한 가지는 '기능 수업(skill session)' 이다. 기능 수업은 보통 교사가 가르친다. 때로는 외부 전문가와 심지어 한 명 이상의 학생에 의해 가르친다고 할지라도, 기능 수업은 전형적으로 설교적이고, 시연이나 직접적인 수업으로 교육된다. 그들은 John Dewey의 '가르칠 수 있는 순간(teachable moment)' 의 개념에 맞춰서 설계된다. 이 이론은 "학생들이 그들의 생활과 관련지어 무언가를 알기 원하거나 필요로 할 때, 상황은 요구에 부응하기 위해 전통적인 탈맥락적 교수에서 변화된다."라고 진술한다. 예컨대 흔히 학생들은 그들이 수집하는 데이터를 처리하기 위해 일별 온도(일기예보 단원에서)나, 학생의 신체 조사(학교 급식 단원에서)에 대한 도표 작성과 같은 것이 필요하게 된다. 일별 온도의 경우 교사는 선 그래프 작성법에 관한 기능 수업을 가르칠 수 있다. 그러므로 학생들은 시간이 흐르면서 수집한 온도를 그래프로 기록해서 보여 줄 수 있다. 조사의 경우 교사는 전체 학생들에 관한 무선표집을 추출하는 방법에 관한 기능 수업을 가르칠 수 있다. 그러므로 학생들은 학교 내의 학생들을 일일이 인터뷰할 필요가 없다.

'횡단보도'라는 단원명에서 학생들은 학교 근처에 있는 횡단보도 연구라는 문제를 논의한다. 이 단원은 실제적인 문제를 제시한다. 왜냐하면 대부분의 학교에는 잠재적인 위험성이 있는 횡단보도가 있기 때문이다. 미네소타 주의 세인트 폴 시의 5학년 학급 학생들은 학교에서 지도를 그리고 모형을 만들고, 인근 지역 주민뿐만 아니라 어린 학생들을 인터뷰했으며, 자동차의 속도를 측정하고, 세인트 폴 시의 교통 법규를 공부하면서 횡단보도를 공부했다. 이 학급은 조사 결과를 시 의회의 교통위원회에게 제출했다. 이 학급은 새로운 교통 표지판 부착, 횡단보도 재도색, 그리고 수업시간 동안 20마일로 엄격하게 속도제한을 시행하겠다는 경찰의 약속을 포함하는 여러 가지 주목할 만한 변화를 가져오는 데 성공하였다.

방금 설명한 경험 단원에 분명히 존재하는 USMES 접근법에서 시사하는 점은 John Dewey의 현실세계와 연결된 작은 민주주의로서의 학교라는 아이디어이다. 학교 근처 횡단보도를 조사한 학생들은 직접적으로 민주주의 과정에 참여하게 되었고, 자신들의 세계를 더 좋은 곳으로 만들기 위한 시민으로서의 권리와 의무를 행사하였다. 그러한 진보적인 주장은 그러한 경험이 단지 교과서에서 민주주의에 관해 읽는 것보다 더욱 가치 있고 교육적이라는 점이다. 왜냐하면 그러한 경험은 실제 경험과 대리 경험 간에 교육적으로 의의 있는 차이를 보여주기 때문이다.

계속되는 USMES 단원의 핵심적 특징은 거의 매일 여는 학급회의이다. 그러한 회의는 문제의 초점을 유지하고, 전체 학급이 참여하고, 문제(사회적이거나, 책략적이거나 무엇이든지 간에)는 협의되고 공정하게 다루어지며, 집단의 에너지가 유지되는 것을 보장하기 위해 필요하다. 그러한 회의 없이 USMES 단원은 흔히 교사와 학생이 흥미를 잃어 취약해진다. 일일 회의는 학생들이 일상생활의 중요한 문제를 관여하기 위해 만나는 축소판 민주주의로서의 교실이라는 아이디어를 강조한다.

교사의 역할

USMES 모델의 중요한 구성 요소는 학생들에 의한 실제적 문제 해결이라는 '혼란스러움' 을 지원할 활력 넘치는 교사이다. USMES 교육과정은 그런 많은 교사들을 요구한다. 거기에는 미리 계획된 수업, 따라야 하는 대본, 질문과 답변이 있는 일상적인 지침이 없다. 교육과정이 외부 세계와 연계되기 때문에 교사들은 자원인사와 접촉하고, 현장학습을 준비하며, 자료를 찾고, 일반적으로 질서정연하고 정숙한, "여러분의 눈을 책에 고정하고 자기 공부를 하세요" 라는 학급의 교수와 학습을 붕괴시킨다. 신중하게 개발된 단원이 현저하게 가치 있을 때, 이러한 단원이 요구하는 에너지는 일 년에 아마도 한두 개 단원으로 경험을 제한하는 것에 찬성한다는 것을 경험으로 보여 주었다.

USMES 단원은 현실세계의 문제를 해결하는 경험이다. 그러므로 단원은 원래 유동적이고, 현지 조건에 좌우되며, 즉흥적이다. 주요 현안 문제에 전체 학급이 집중하여 집단 연구에 강조점이 주어진다. 예컨대 "학교에서의 식사를 어떻게 더 즐거운 경험으로 만들 수 있을까?" 과학, 영어, 수학, 사회과, 그리고 예술에서 얻는 지식과 기능은 현실세계의 문제 해결을 위한 도구로서 간주된다. 교사 직무의 주요 부분은 집단 연구와 학생의 효율성을 촉진하기 위해 전체 학급이 과제에 초점을 맞추고 기초 기능이 문제 해결 노력으로 통합되는 것을 보장하는 것이다.

평가

진정한 진보주의 전통에서 USMES는 학생에 대한 공식적인 시험을 옹호하지 않는다. 오히려 평가는 학생들이 자신들의 노력에 대한 효과를 평가하는 점에서 진정성이 있다. 예컨대 횡단보도 단원에서 학생들은 더 개선된 경고 사인을 설치하도록 교통위원회를 납득시키고, 학교 근처의 횡단보도를 더 밝게 칠함으로써 큰 변화를 가져올 수 있었다. 제조 단원에서 학생들은 자신들이 만든 제품 판매의 성사로부터 품질 관리까지, 그리고 교실의 모든 학생들이 의미 있게 참여할 정도로 모든 것을 평가한다. 말할 필요 없이 사회중심 단원에서 많은 의미 있는 이득은 학생들 편에서 지역사회 참여 관점에서 고려되며, 시민교육과 현실세계의 긍정적 변화를 가져오기 위해 함께 작업하는 경험이 고려된다.

중요한 평가의 문제는 항상 발생한다. 학생들은 특히 기초 지식과 기능 관련된 경험들로부터 정확히 무엇을 학습하는가? 비평가들은 학생들이 처방된 범위와 계열에서 얻는 지식과 기능에 대한 체계적인 접촉의 부족을 지적한다. 문제는 결코 사소하지 않다. 모종의 기초 지식과 기능이 어떤 상황에서 빠진 것이 분명하다. 그러나 경제적 지식 · 기능 · 개념(Ellis & Glenn, 1980)에서 제조라는 한 달간의 과제를 맡은 무선 할당된 학급 학생들은(그들은 학교 폴더를 만들어서 팔았다.) 교사 주도의 익힘책 접근법을 활용하는 경제학 수업을 매일 받은 무선 할당된 학급의 학생들을 능가했다. USMES 집단은 공동경제교육협의회가 개발한 전국적인 경제 이해 상대평가 시험에서 통계적으로 의의 있는 평균 점수를 얻었다. 물론 이것은 너무 많이 수행해서는 안 되는 한 연구에 불과하다. 여전히 경험적인 증거는 진보주의적인 문제 해결 경험을 지지한다. 더욱이 새로운 문제를 개인적으로 발표하고 그들이 그것을 계속적으로 해결하려는 방법에 대해 기술하도록 요청받았을 때, USMES 학생들이 문제해결 능력에서 매우 중요한 유창성과 융통성에 대한 측정에서 직접 교수 학급을 통계적으로 능가했다.

아마도 USMES 교육과정의 더 큰 장점은 학생들이 모험에 참여하는 전체 학급의 문제 해결에 대한 강조, 젊은 사람들이 관심을 갖는 현실 문제에 대한 강조, 현실 세계의 문제를 해결하기 위해 우리가 공공복지에 참여해야 한다는 분명한 이해를 수반하는 민주주의와 시민성에 대한 강조이다. USMES 접근법의 이점에 더하여, 가르칠 수 있는 순간의 맥락에서 배우는 중요한 기능의 이점도 있다. 즉 항상 일어나는 능동적이고 경험적인 구성적 학습의 성격과 학생들이 계획하고, 선도하며 실행하는 매우 많은 일 때문에 이러한 일을 수행하기 위해 맡아야 하는 책임의식이 그러한 이점이다.

생각해 보기

USMES 교육과정의 목적은 학생들로 하여금 현실 문제에 대한 현실적 해결책을 제안하는 집단 프로젝트에 참여하게 하는 것이다. 당신 자신의 학급을 위해 이러한 문제를 조정해 보시오.

- 당신이 개인적으로 알고 있는 USMES가 아이들에게 얼마나 도움이 될 것인가?
- USMES를 적용하는 데 어떤 어려움이 있겠는가?

제 7 장

지식중심 교육과정

'학문교육과정(academic curriculum)' 이란 용어는 모든 합리적인 교육자들이나 학부모들이 당연하게 불평해 왔던 형식적 방법, 암기학습 또는 학생의 수동성을 말하는 것이 아니다. 또는 교수 기능을 의미하는 것도 아니다. 대신 학문교육과정은 언어, 문학, 과학, 수학, 역사, 예술, 외국어에 대한 체계적인 학습을 말한다. 이러한 학습은 오늘날 흔히 '자유교육' 이라는 것으로서 중요한 지식과 기능을 전달하고 심미적 상상력을 계발하며, 학생들이 살고 있는 세상에 대해 비판적이고 반성적으로 사고하도록 가르친다.

Diane Ravitch

가장 뛰어난 사람들을 위한 가장 좋은 교육이 모두를 위한 최고의 교육이다.

Mortimer Adler

학문교육과정(일반계 교육과정—역주)으로도 알려진 지식중심 교육과정에 입문하는 것을 환영합니다. 앞서 인용한 교육사학자이자 전 미국 교육부 차관인 Diane Ravitch의 말에 주목하기 바랍니다. 교육과정에 대한 이러한 접근법은 학문적 엄격성을 강조하지만, 반드시 혁신적인 방법을 희생시킬 필요가 없다는 것을 상기시켜 준다. 이 장에서는 지식중심 교육과정의 몇 가지 변형을 소개하고자 한다. 이 장을 읽으면서 당신이 이 중의 하나 또는 몇 가지의 조합을 채택한다면, 당신의 학교가 어떻게 변화될지 상상해 보고 반성적으로 고려해 보기 바랍니다.

목표의 구조부터 시작해 보자. 어떤 의미에서 그것은 정전(canon)을 배운다는 점에서 꽤나 솔직하다. 그러나 정전이 무엇을 의미하는가? 정전은 학생들이 배워야 하는 합의된 본질적인 지식을 말한다. 지식중심 교육과정을 옹호하는 사람들은 학생들이 습득해야 하는 것이 학문적인 교육을 의미하는 자유교육이라는 것을 분명히 한다. 즉 전문계나 실용수학이나 생활 기능 과정과 같은 것이 아니다. 그렇다면 실제로 학생들이 정전의 출처이자 합의된 학문교육과정인 자유교육을 습득한다면 과연 그들은 무엇을 공부할까? 바로 여기에서 문제가 약간 복잡해진다.

한때 미국 학교의 역사에는 학문적 교수요목에 대한 상당한 합의가 이루어졌던 때가 있었다. 하지만 이것은 매우 다른 다음의 세 가지 이유 때문에 더 이상 사실이 아니다. 첫째, 점증하는 사회의 다원적 성격, 둘째, 지식의 폭발, 셋째, 최근에 모든 자녀를 학교에 보내려는 노력 때문이다.

인종 분리와 리더십 지위에서 여성을 배척한 시대를 기억하지 못하는 사람들은, 한두 세대 동안 사회가 얼마나 변하였는지를 이해하기 어려울 것이다. 미국 사회는 과거의 기준으로는 얻을 수 없었던 기회균등의 수준에 도달했다. 아동용 카드게임인 〈작가들〉은 과거의 상황이 어떠했는지에 대한 약간의 통찰력을 제공해 준다. 예전만큼 매우 인기는 없지만 아직도 구할 수 있는 이 게임은, 학교 문학의 정전을 기본적으로 보여 주는 Shakespeare, Dickens, Longfellow, Hawthorne 같은 유명한 작가들로 구성된 한 벌의 카드를 활용한다. 그들 중 Louisa May Alcott을 제외하면 영국인 또는 미국인 남성 작가들이다. 과거의 문학 교육과정은 이 카드게임과 매우 유사했다. 즉 여성 작가들은 찾아보기 힘들었으며 유색인종 작가들은 목록에서 제외되었다.

둘째, 지식의 폭발은 매우 사실적이다. 오늘날에는 더 많은 작가, 과학자, 모든 부류의 연구자들이 존재한다. 과학 지식은 기하급수적으로 팽창되어 왔다. 실제로 오늘날에는 과거보다 더 많은 양의 수학, 문학, 과학, 역사가 존재한다. 한 세대 전에 알던 것과 비교하여 우리가 건강이나 영양에 대해 오늘날 알고 있는 것을 고려해 보자. 교육과정의 교과는 지식 기반을 확장시키면서 연구자들이 매일 새롭게 발견하는 학문에서 비롯된다. 역사나 과학 교과서에서 그대로 존속해야 할 것과 삭제해야 할 것을 결정하기가 쉽지 않다. 따라서 가장 중요한 지식, 기능, 가치가 무엇인지에 대한 합의점에 도달하는 일은 과거보다 훨씬 더 어려워졌다.

셋째, 학문적 교수요목이 일부 학생들에게 장점이 있음에도 불구하고, 모든 학생들의 요구에 적합한지 여부에 대한 논쟁이 항상 발생한다. 학문 또는 지식중심 교육과정은 분명히 대학교육을 받으려고 하는 학생들을 위해서 준비되어야 하며, 반면에 학업 능력이 떨어지는 학생들은 직업과정이나 실용과정을 택해야 한다고 주장하는 사람들이 있다. 10~15%의 학생들만이 고등학교를 졸업했던 한 세기 전에는 높은 학업 수준을 기대하는 것이 훨씬 용이했다. 실제로 모든 학생들이 중등교육을 받는 오늘날에는 그런 교육과정이 기껏해야 엘리트주의적이거나 거의 관련이 없어 보인다. 많은 중등학교 교사들이 보통 고등학교 교실에서 발견되는 학생들의 광범위한 학업 능력, 학습에 대한 동기 수준, 그리고 교과에 대한 흥미 유무가 교과를 효과적으로 가르치는 것을 매우 어렵게 만든다고 말한다.

표면적으로 오늘날 학교에 등록한 학생수를 감안할 때, 이런 여러 문제 자체는 의미 있는 지식중심 교육과정을 구성하는 시도에 역행하는 것처럼 보인다. 비판가들은 분과적 접근법을 파기하거나 직접적인 사회 관련성 또는 자아실현의 교육과정을 받아들이는 것이 훨씬 낫다고 말한다. 그러나 우리가 앞으로 보듯이, 교육과정에 대한 지식중심 접근법을 옹호하는 사람들은 지식중심 교육과정이 진정으로 민주적이며 기회에 근거한 교육과정이라고 주장한다.

자유교육

우리가 목격했던 것처럼 학습자중심 교육과정은 생활에서 개인의 꿈이나 열망이라는 숭고한 자아실현의 목표를 제시한다. 다시 말하면 이런 서술은 쉽게 잘못 해석되거나 희화화될 여지가 있지만 자기중심적이다. 이런 관점에서 학교의 목적은 학습자의 요구와 욕망을 촉진하며 학습자들이 실현된 개인이 되게 하는 것이다. 우리들 대부분은 이러한 것이 중요하며 학교는 이러한 것이 가능하도록 해야 한다는 점에 동의할 것이다.

그러나 심지어 학습자의 흥미에 근거한 교육과정 이외의 수단이 있음에도 불구하고, 자아실현을 달성하기 위해 학교에 가는 다른 여러 이유가 있을 수 있다는 것도 또한 인정할 수 있다. 지식중심 교육과정의 경우 목적의식은 잘 교육받은 사람의 비전에서 비롯된다. 학교가 과학, 문학, 역사, 수학, 예술에 대한 폭넓은 지식인 자유교육을 학습자들이 익히게 해야 한다는 주장이 존재한다. 더욱이 엄격한 학문적 교수요목이 없다면 이것을 실행하는 방법이 없다는 것이다. 근본적인 전제는 특히 최고의 문학 주제, 수학의 아름다움과 대칭, 역사의 관점, 과학의 경이로움, 예술의 정신을 고양하는 지식 그 자체로서 중요한 것이다.

뒷받침하는 주장은 잘 교육받은 사람은 변함없이 가장 적응을 잘하고, 모르는 것에 대해 가장 잘 준비되어 있으며 가장 훌륭한 시민이라는 것이다. 이것은 학문에 대한 지식이 인류에게 문명화 효과를 갖기 때문에 그렇다는 것이다. 그러한 지식은 개인을 좀 더 합리적이고 반성적이며 충동적인 행동을 자제하게 만든다. 교육받은 사람은 삶에서 더 훌륭한 것, 즉 예술, 문화, 유산, 고귀한 전통 등을 제대로 인식하는 사람이다. 보통 이러한 입장에 반대하는 사람들은 이 책과 다른 책에서 설명한 교육적 관점 중에서, 한 가지의 분명하고 명확한 우월성에 대한 실증적 증거의 면에서 이러한 입장을 옹호하는 사람들이 가지고 있는 입장과 별반 다르지 않다.

보통 지식중심 교육과정은 직업과정을 허용하지 않는다. 옹호자들은 아마 민주주의 사회에서 박식한 개인이 가장 잘 준비된 노동자이기 때문에 직업세계를 위한 가장 최고의 준비는 자유교육이라고 말할 것이다. 지식중심 교육을 열광하는 사람들에 의해 제시된 이 논쟁은 직업교육을 추구하는 사람들을 위한 직업훈련은 학생들이 유치원부터 고등학교까지의 학교교육을 다 마친 후에 해야 한다는 것이다. 요점은 직업훈련의 가치에 대해 이의가 없다는 것이다. 그리고 논점은 직업훈련이 유치원부터 고등학교까지의 교육과정에 포함되어 있지 않다는 것이다. 학문적으로 잘 준비되어 있는 학생들은 대학교 진학이나 기술교육 또는 일부 다른 형태의 고등교육에서 최적의 위치에 있어야 한다.

지식중심 교육과정의 토대는 학문에서 비롯한 교과이다. 보통 간학문적 접근법이 특히 저학년 시기에 주장되더라도, 흔히 여러 과정은 분과형 교과나 분과 학문을 강조한다. 그러나 학생들이 Ravitch(2000)나 다른 사람들이 소위 '체계적인 학습' 이라고 부르는 것을 통해 지식을 심화하면서, 그들 스스로가 학문을 배운 학생인 전문 교사들이 가르치는 과정을 점차로 제공해야 할 필요가 있다. 그러므로 교육과정에 대한 가장 논리적인 접근법은 몇 가지 예만 들자면 교육과정을 생물학, 기하학, 문학, 역사, 미술 과정으로 분리하는 것이다. 분과형 과정은 그 교과에 대해 수년간 준비하고 연구한 교사들을 필요로 한다. 그러나 어떤 의미에서 간학문적 교육과정을 제공하는 사람들이 해당 교과에 대해 잘 준비하는 한 간학문적 교육과정에 대한 이의는 없다.

분과형 접근법이 중등학교 수준에서 어느 정도 당연하게 받아들여지지만, 초등학교 수준에서 적합한지 여부에 대해서는 논쟁이 가열되고 있다. 이런 점에서 전국수학교사협의회(NCTM)가 늦어도 4학년 이전에 교과 전문가가 가르쳐야 한다고 제안한 점은 주목할 가치가 있다고 분명하게 공표하고 있다. 수학이 그래야 한다면 왜 지리는 전문가가 가르치지 않는가? 문학은 왜 안 가르치는가? 예컨대 우리는 많은 초등학교 교사들이 특히 교과서로 숙제를 내거나 학생들이 활동에 참여하는 것 말고 과학, 수학, 역사와 같은 교과를 가르칠 때 자신들이 특별히 지식이 많지 않다고 솔직히 인정하는 것을 알고 있다. 진보주의 교육을 비판하는 지식중심적인 사람들이 유치원 또는 심지어 초등학교 수준에서 특별한 교과교사를 요구하지 않는다고 말하는 것은 매우 당연하다. 그러나 "우리는 교과가 아니라 아이들을 가르친다."는 속담은 지식중심 교육과정 옹호자들에게 저학년 시기 이후에는 결코 신뢰롭게 보이지 않는다.

교육과정으로서의 교과서

아마도 지식중심 교육과정의 가장 잘 알려지고 광범위한 예는 주로 교과서에 의해 지배되는 교수요목이다. 당신은 교과서에 의해 통제되고 교과에 의해 조직된 교육과정이 존재하는 학교에 다녔을 가능성이 높기 때문에 틀림없이 이러한 접근법에 친숙할 것이다. 이상하게도 심지어 초등 수준에서조차 우리는 흔히 각 교과의 교과서 또는 연습장으로 오전 9시부터 10시까지 읽기, 11시에는 수학을 공부하는 사실상 분과형 교육과정을 발견한다. 그리고 학생들은 학년을 따라 진급하면서 분과를 공부할 뿐 아니라, 다른 교사와 전문가를 만난다. 바꿔 말하면 교육과정은 학습자의 흥미로부터 구성되는 것이 아니라, 아동과 청소년의 능력을 위해 조정된 학문에서 비롯된 학문적인 지식으로 구성된다. 이것은 우리에게 익숙한 모델이다. 우리는 이것을 더 나은 용어가 없어서 일상의 접근법(business-as usual)으로 부를 수 있다. 그러나 우리는 이 접근법을 종결짓기 전에 교육과정으로서의 교과서를 잠시 살펴보아야 한다.

국립과학재단 프로젝트에 대한 일단의 자문진과의 대화에서 우리는 "어떤 특정한 교과에 있어서 교육과정의 성격을 결정짓는 가장 좋은 방법은 무엇일까?"라고 스스로에게 질문을 던졌다. 미국의 학교에서는 교과서가 아마도 교육과정의 가장 명백한 가공물일 것이라는 것이 지배적인 대답 중 하나였다. 이런 식으로 생각해 보면 당신이 어떤 학생이 공부할 교육과정을 결정하기를 원한다면, 그것은 그 학생이 공부해야 할 교과서를 결정하는 것일 수도 있다는 것이다.

교과서는 장점을 가지고 있다. 미국의 공립학교에서 교과서를 보편적으로 사용한다는 점과 거대 교과서 관련 기업을 감안할 때 적지 않은 사람들이 그렇게 생각하는 것 같다. 교과서는 범위와 계열의 형태로 구조를 제시한다. 교과서는 한 권의 책에 수집된 조직된 지식체를 의미하며, 교사들이 시간을 갖고 있다고 가정하고 모으는 데에 수년이 걸릴 수 있는 방식으로 학생들이 특정 교과를 이해하기 위한 토대를 제공한다. 그리고 교과서는 교사들이 가지고 있지 않을 수 있는 '전문가'의 지식을 제공한다. 흔히 교사는 적절하게 준비할 시간도 없이 몇몇 과목을 가르쳐야 한다. 또 심지어 어느 특정 교과에서 전문적인 수준을 가진 교사라도 교과서가 다루는 어떤 분야에 대해서는 알지 못하거나 잘 알지 못할 수도 있다. 교과서는 학생들이 필요로 하는 가장 기본적인 정보를 제공하며 지식에 대한 동등한 접근을 보장한다. 교사용 교과서는 교과서에서 다루는 자료를 설명하거나 충실하게 만들기 위해 설계된 수업목표, 교수 조언, 제안된 활동, 질문, 연습을 제공한다.

물론 많은 교과서 위주의 교육과정을 겨냥한 다음과 같은 많은 비판이 있어 왔다. 그중 다음과 같은 비판이 있다.

- 교과서는 서너 개의 선두 출판사들이 거의 독점해서 만들어 내는 상품이다.
- 교과서는 어떤 주제에 대해 편향적인 내용을 담고 있다.
- 교과서는 흔히 여러 가지의 사실적인 오류를 담고 있다.
- 교과서는 대부분 지루하고 고무적이지 못하다.
- 교과서는 문제 해결, 탐구, 좀 더 높은 수준의 사고에 대한 기회가 거의 없이 단순히 정보나 연습에 지나지 않는 내용을 담고 있다.
- 교과서는 다른 무엇보다도 기본적으로 운영 도구에 지나지 않는다. ("교과서를 꺼내 59쪽을 펴세요."라고 할 때처럼)
- 교과서는 교사/학생의 주도권을 축소시키며 한 가지 정보 출처에 대한 의존 사이클을 만든다.

- 교과서는 흔히 주의 기준이나 표준화 검사와 거의 일치하지 않아서, 일반 대중에게 학생들의 학습을 설명하려는 시도를 혼란시킨다.
- 흔히 서로 다른 회사에서 출판된 교과서는 주어진 주제에 대해 매우 다른 자료를 다룬다. 즉 우리가 생각하는 것처럼 교수요목에서 어떤 것을 넣고 빼야 할지에 대한 합의점이 없다는 것이다.

비판은 계속될 수 있지만 독자들도 생각이 있다는 데 의심의 여지가 없다.

거의 모든 초등학교 교실에서 발견되는 기초 독본부터 중등학교의 교수요목을 규정하는 데 도움을 주는 과학, 수학, 역사, 영어 교과서에 이르기까지 교과서가 지식중심 교육과정의 주류라는 것은 여전히 사실이다. 비판은 분명하지만 교과서 채택은 계속되고 있다. 겉으로 보기에 미국의 학교가 교과서에 중독된 것 같다. 만화 프로그램인 '심슨 가족' 의 한 에피소드를 보면 교사용 지도서가 스프링필드 초등학교에서 분실되자 나중에 이 지도서를 되찾을 때까지 교육과정을 보류하는 사태로 이어졌다. 이것은 한낱 장난 패러디이지만 근본적인 진정한 통찰력을 담고 있다.

과정으로서의 교육과정

교육과정으로의 교과서적 접근법이 매우 뿌리 깊이 박혀 있다. 그러나 지식중심 진영 모두가 그것이 적절하다고 생각하지는 않는다. 꽤 오래전에 *인간: 교수요목*(〈표 7-1〉 참고)이라는 실험적 지식중심 교육과정을 개발한 인지심리학자 Jerome Bruner는 학생들이 단지 형식적인 결론이나 교과의 결과물을 공부할 때 지식중심 교육과정은 왜곡된다고

〈표 7-1〉 Jerome Bruner의 교육과정과 수업에 대한 접근법

Bruner의 주요 교육과정 개념

- 구조
- 준비
- 동기
- 직관

Bruner의 수업 모델

실제적 경험에 의한 작동적 학습
이미지에 의한 영상적 학습
추상적 관념에 의한 상징적 학습

인간: 교수요목

인간에 대해 인간적이라는 것은 무엇인가?

- 도구 제작
- 사회 조직
- 문화적으로 학습된 언어
- 연장된 아동 양육
- 세계관

인간은 어떻게 인간답게 되었나?

- 문화 적응
- 진화

인간은 어떻게 더 인간다워질 수 있나?

설득력 있게 주장했다.

그의 실험적 교육과정에서 학생들은 이야기나 영화의 특정 장면이나, 잡지의 형태로 일차 자료에 접근하였다. 그들은 활동, 조사, 모의실험, 수많은 매력적인 학습전략을 통해 탐구자가 되도록 요구되었다. Bruner는 교육과정의 자료는 호소력이 있고 매력적이거나 그렇지 않

으면 학생들이 능동적인 학습자로서 능력을 기를 수 있어야 한다고 주장한다.

Bruner의 저서 중 『교육의 과정(The Process of Education)』(1960)과 『교육의 문화(The Culture of Education)』(1996)는 특히 교육과정 개발의 역사적 기록에 대해 관심 있는 사람들에게 고무적인 저서이다. 교육의 과정에 대한 그의 강조는 학생들이 학교 시절의 대부분을 지식의 '부스러기'를 공부하는 데 소비한다는 것을 연상시킨다. 대신 Bruner는 학생들이 지식의 구조를 공부하거나 경험해야 한다고 주장하였다. 기본적으로 이것은 과학이나, 수학, 역사 그리고 기타 교과의 결과물에 초점을 맞추는 것이 아니라, 과정과 개념에 초점을 맞추는 탐구적 · 발견적 접근법을 의미한다. Bruner의 교육과정에 대한 접근법에서 학생들은 실제로 역사가, 예술가, 수학자, 그리고 작가가 된다. 학문에 대한 구조적 접근법이라 불리는 이런 기법은 이 장에서 나중에 다시 논의할 것이다.

앎의 양식

교육과정에 대한 매력적인 접근법이 *앎의 양식(ways of knowing)* 모델이다. 이 모델은 용어가 시사하듯이 지식중심이다. 그러나 이것은 특이한 지식중심 접근법이다. 대부분의 대학교 도서관에서 찾아볼 수 있는 분명히 애매한 책이 탐험의 출발 장소이다. 그 책은 전국교육연구학회(NSSE)의 84번째 연감이다. Elliot Eisner(1984)가 편집한 이 연감에서 수많은 뚜렷이 다른 앎의 양식이 제시되어 있다. 이 책의 메시지는 지식중심 교육과정 접근법에 대한 대안적 접근 방식, 과학적 앎의 양식, 영적 앎의 양식, 내러티브적 앎의 양식, 수학적 앎의 양식, 미학적 앎의 양식 등을 중심으로 교수요목을 만드는 것이다. 지식은 교과(기하학, 생물학 등)에 의해 조직되지만 선택의 여지가 없는 것은 아니다. 앎의 양식의 경우 교사와 학생은 단지 교과에 따라서만이 아니라, 개인이나 집단이 좋아하는 교과라는 관점에 따라 다르게 교과에 접근한다. 예컨대 미술적 관점은 당연히 과학적 관점과 다를 수 있고, 이것은 젊은 사람들이 배우기에는 중요한 것이다. 왜냐하면 각 관점은 진리 탐구를 위한 다른 방법을 보여 주기 때문이다. 스토리텔러는 분명히 수학자와는 다른 과제를 갖고 있다. 그러나 두 가지를 다 알고 있으면 한 사람이 한 가지 이상의 관점에서 생각하거나 행동할 수 있다. 그리고 예컨대 수학을 스토리텔링 관점에서 고려할 때 관점을 혼합하는 능력은 더욱더 심화된다.

실행 가능한 교육과정에 대한 접근법으로서 앎의 양식이 주목을 끌지 못한 것은 불행한 일이다. 몇 가지 점에서 이것은 Howard Gardner의 널리 알려진 다중지능이론과 관련이 있다. 앎의 양식은 지식중심의 의미에 대한 새로운 통찰력을 가져오기 위해 기다리고 균형을 유지하는 것처럼 보인다. 관점의 역할에 대한 강조는 학습자를 단순히 소비자가 아닌 예술가, 과학자, 수학자, 말하자면 프로듀서로서 위치지어 주기 때문에 권한 위임적이다. 교과가 서사적 · 심미적 · 과학적 · 영적 관점으로부터 고려된다는 사실은 학생과 교사들이 예술가, 역사가 등으로서 그 단체의 회원, 파트너가 되도록 초대하는 것 같다. 이런 점에서 앎의 양식은 학생중심 교육과 지식중심 교육 접근법 사이의 모든 너무 현실적인 차이점을 연결해 줄 수 있을 것 같다. 왜냐하면 앎의 양식은 심층적 이해에 학문을 아는 엄격성을 제공하기 때문이다.

E. D. Hirsch, Jr.의 중핵지식 교육과정: 문화소양

또 다른 지식중심 교육과정의 예는 중핵지식 교육과정이라고 알려진

버지니아 대학교의 영문학과 명예교수인 E. D. Hirsch, Jr.(1987)가 개발한 문화소양(cultural literacy)에 근거한다. Hirsch의 논제는 *지식*(개념이나 기능이 아닌)을 교육과정의 목표로 삼는다는 것이다. 기존의 교육과정을 감안하면 이것은 실제로 매우 급진적 개념이다. 당신은 중핵지식 교육과정을 접해 본 적이 있을 것이다. 이 교육과정은 그렇게는 미국에서 유행하지는 않았지만 분명히 K-8 교육과정에 어느 정도 지위를 갖고 한 틈새시장을 잡았다. 심지어 학교에서 '성공적이었던' 미국인일지라도 미국인들의 표면상의 무지에 대해 불만스러웠던 Hirsch는, 수년 전 교사가 반드시 가르쳐야 하고 학생들이 학교에서의 경험의 결과로서 반드시 배워야 하는 공통적으로 여기는 중핵 지식체가 있다는 점을 주장하기 시작했다.

가장 중요한 용어는 *지식*이다. 중핵지식 교육과정을 검토해 보면 교사와 학생들이 고전 문학, 문법 규칙, 수학과 과학의 기초, 예술, 지리, 역사를 배울 필요가 있다는 점이 매우 분명해진다. Hirsch의 지식중심 교육과정 개념에 대해 좀 더 관심 있는 사람들은 『우리가 필요로 하는 학교와 왜 우리는 그런 학교가 없을까(The Schools We Need and Why We Don' t Have Them)』(1999)라는 책부터 읽으면 좋을 것이다. Hirsch의 모델을 이해하는 한 가지 방법은 그가 필수로 배워야 하는 것에 초점을 맞췄다는 점이다. 필수로 배워야 하는 것은 우리가 문화적으로 교양 있는 사회를 만들려면 미국인들이 공통으로 가지고 있어야 할 지식을 의미한다. (이 교육과정은 이 장에서 나중에 좀 더 심도 있게 논의될 것이다.)

Mortimer Adler의 파이데이아 제안: 교육 선언

작고한 철학자 Mortimer Adler가 제창한 파이데이아 제안은 우리의 지식중심 교육과정에 대한 또 다른 진지한 시도가 있다는 것을 주지시켜 준다. 'Paideia' 라는 단어는 그리스어로 아동의 올바른 양육을 의미한다. 그의 책이 『파이데이아 제안(Paideia Proposal)』(1982)이라는 제목으로 20여 년 전에 출간되었을 때 상당한 논란을 일으켰다. 이 책의 부제인 '교육 선언' 이라는 것으로 보아 Adler가 이 책이 논란을 불러일으킬 것이라는 것을 알았다는 것을 감지할 수 있다. Adler가 이 책을 Horace Mann, John Dewey, 그리고 Robert Hutchins에게 헌정했다는 것은 흥미로운 사실이다. 흔히 Mann은 어느 정도로 Dewey는 상당한 정도로 진보주의교육의 옹호자라고 주장되는 반면, Hutchins는 확고한 보수주의적 항존주의 교육의 전통에 속한다.

Adler는 공교육의 질 하락에 실망하였기 때문에, 이 책을 저술하고 실제로 교육과정의 발전에 리더십을 발휘하기 위해 동기를 부여 받았다. Adler의 관심사는 교수와 학습을 희생하며 교사가 교실에서 아이들이 정숙하도록 이용하는 시간의 양, 투표하거나 공공복지에 관련되는 것을 시도하는 사람들의 수가 줄고 있는 우리의 실패한 민주주의, 형편없는 학교실습이 생산성에 미치는 유해한 영향, 그리고 절대 좁혀지지 않는 잘 교육받은 사람과 그렇지 못한 사람의 차이였다.

Adler에 따르면 파이데이아 교육과정은 단지 정보가 아니라 지식을 바탕으로 한 교육과정이다. 오히려 역사를 통해 조예가 깊은 사람들에 의해서 이루어진 위대한 아이디어에 대한 지식에 초점을 맞춘 것이다. 즉 예컨대 의무, 용기, 명예, 정의, 자유, 시민성, 책임, 민주주의 같은 개념에 대한 지식이다. Adler의 교육과정에 대한 아이디어는 항존주의로 알려진 교육철학에 근간을 둔다. 왜냐하면 위대한 아이디어(예컨대 진리, 정의, 의무, 민주주의)는 일시적이 아니라 항존적이기 때문이다(〈표 7-2〉 참고).

Adler는 여러 아이디어가 세상을 변화시킬 영향력을 가지고 있기

〈표 7-2〉 위대한 아이디어 (Hutchins, 1952)

가설	물질	언어	정의(justice)
가족의 운명	미	역사	존재
감각	민주주의	역학	종교
경험	반대	영원성	죄
공간	벌	영혼	지식
과두정치	법	예술	지혜
과학	변증법	예언	진리
관계	변화	요소	진보
관념	보편과 특수	욕망	진화
관습과 전통	본인과 타자	용기	질
교육	부	우연(chance)	천문학
국가	불멸	원리	천사
군주제	사랑	원인	철학
귀납법	생과 사	유일과 다수	추론
귀족사회	선과 악	의견	쾌락과 고통
기억과 상상력	세계	의무	판단
기호와 상징	수사학	의지	폭정, 압제
노동	수학	의학	필연과 우연
노예제도	습관	인간	행복
논리	시	자연	헌법
덕과 악	시간	자유	혁명
동물	시민	자제	형상
마음	신	전쟁과 평화	형이상학
명예	신중함	정부	
무한	신학	정서	
물리학	양	정의(definition)	

때문에 위대한 아이디어에 대한 공부만이 교육적으로 중요하다고 믿었다. 이러한 접근법은 Hirsch(1987, 1999)가 주창한 세상을 있는 그대로 준비하는 좀 더 본질주의 철학에 반하는 것이다.

위대하고 항존적인 아이디어에 근거하는 Adler의 교육과정에 대한 이론은 지식중심 교육과정을 구성하는 또 다른 방법을 나타낸다. Adler의 교육과정 중 관심을 끌고 논쟁을 불러일으키는 측면은 모든 학생들이 능력별 반편성, 직업교육과정, 또는 엄격한 학문교육과정이 아닌 '동일한' 교수요목을 습득해야 한다는 것이다. 그렇지 않으면 사실상 엘리트주의이며 민주주의를 파괴하는 것이라고 그는 주장하였다. 학생들은 생활에서 자신들이 무엇을 필요로 하는지 알 만큼 성숙하지 않았기 때문에, 교육과정에 대해서 많은 선택을 부여하는 것은 잘못이다. 그의 비전은 교육과정의 장학과 성인의 통제라는 지식중심 철학에 충실하였다. 그의 한 가지 양보는 중등 수준에서 학생들이 외국어를 선택하는 것이다.

차이점과 유사점

당신은 지식중심 교육과정의 옹호자들이 학문으로부터 비롯된 지식에 근거한 엄격하고 도전적인 교육과정이 중요하다는 데 일반적으로 동의한다는 것을 알 것이다. 그러나 분명히 지식중심 접근법 중에서 일부 현실적인 차이점이 있다. 이러한 차이점은 기본적인 개념에 끌리는 사람들에게 가능한 선택을 넓혀 준다. 상상은 되지만 지식중심 교육과정에서 정향은 항상 중심에 학문적 학습이 있다는 점을 기억하라.

지식중심 교육과정의 핵심

이제 지식중심 교육과정의 핵심에 대해 살펴보자. 이러한 중핵을 살펴보는 동안 자신에게 "나는 어느 정도까지 지식중심적인가? 아니면 학생중심 또는 사회중심적인가? 이러한 각각의 접근법을 나는 얼마나 인정하는가 또는 동의하지 않는가? 그것을 조합하는 사려 깊은 방법이 있는가? 또는 그것이 어떤 의미 있는 수용은 절대 달성될 수 없을 정도로 철학적으로 다르지는 않은가?"를 질문하기 바란다.

지식중심 교육과정의 첫 번째 핵심은 자유교육을 구성하는 가장 기본적인 지식을 습득하는 데에 명확하게 초점을 둔다는 것이다. 그것은 초등교육 수준에서 시작해서 고등학교 졸업까지 이어지는 과정이다. 아마도 이것은 명확해 보이지만 당신에게 학교교육의 기본 목적은 사회적이며 학문적인 관심사는 중요하지만 두 번째라는 진보적인 관점을 상기시켜 주는 것이 중요하다. 이런 관점의 차이는 사소한 것이 아니다.

교과서를 통하든 다른 것을 통해서든 지식을 습득한다는 것은 항상 학문에 초점이 맞춰져 있다. 이것은 학습자의 지적 성장이라는 밀접하게 관련된 핵심으로 우리를 안내한다. 훌륭한 지식중심 교육과정은 지적 성장과 발달과 학습자를 좀 더 깊은 역사, 문학, 수학, 예술 그리고 다른 교과로 도전하도록 초점을 둔다. 이것은 Diane Ravitch가 우리에게 '형식적 방법'은 지식중심 교육과정의 일부분이 되지 말아야 한다고 알려 준 이 장의 처음 인용문에서 주지된 것이다. 중요한 것은 교과의 '체계적인 학습'은 학생이 학교에 등교해야 하는 이유가 되어야 한다고 그녀는 기술하고 있다.

그러나 지식중심 교육과정의 또 다른 핵심은 지식 그 자체의 성격과 관련되어야 한다는 것이다. 어떤 것을 안다는 것은 무엇을 의미하는가? 언제 어느 사람이 어떤 교과에 해박해지는가? 이런 질문은 불가피하게 평가의 문제로 이어지는 질문이다. 진정으로 학생중심 교육과정에서 평가는 주로 학생의 자기 평가이다. 사회중심 교육과정에서 평가는 사회적 관련성과 현실세계의 변화에 초점을 둔다. 지식중심 교육과정에서 평가는 표준화시험, 성취 검사, 학생이 알고 있는 것에 대한 측정 방법의 형태로 이루어진다.

지식은 결과(내용을 앎)인 동시에 과정(방법을 앎)이기도 하다. 하지만 학습은 어떤 방법으로든 측정 또는 테스트되어야 한다. 흔히 시험은 선다형 표준화시험으로 이루어질 때가 많지만 반드시 그럴 필요는 없다. 학생들이 정해진 문제에 답해야 할 필요 없이 자신들을 표현할 기회를 가질 수 있는 에세이와 리포트도 매우 중요하다. 학생들이 스스로 생각하고 교사에게 단지 아는 것만이 아니라 어떻게 그것을 알게 되었는지 답을 줘야 하는 구술시험, 수행, 특히 예술이나 과학에서 해야 하는 것들이 그러하다.

심지어 지식중심 교육과정이 학생들에게 가장 좋다고 동의하는 사람들 사이에서도, 과정과 결과 중 어떤 것이 더 중요하냐는 데에 상당한 논란이 있다. Bruner는 과정으로서의 지식을 지지했고, Hirsch는 결과로서의 지식을 지지했다. 이런 논란은 처음에 등장했을 때처럼 간단하지가 않다. 그리고 Bruner와 Hirsch는 두 가지가 다 필요하다는 사실에 동의할 것이다. 그러나 대부분의 지식중심 교육과정은 모종의 것을 아는 것이 모든 것의 출발점이라는 가정에 기초한다. Hirsch의 논문 "당신은 언제나 찾을 수 있다: 그럴 수 있는가?"(2001)에서 바로 이러한 문제를 언급하고 있다.

인지심리학자로서 Bruner는 우리가 지식을 습득하는 방법이 지식 그 자체만큼이나 중요하다고 오랫동안 주장해 왔다. Ravitch는 이 장의 별면항목(chapter-opening) 인용문에서 증명하듯이 동의할 것이다.

그러므로 사람들이 지식중심 교육과정에서 교사의 강의, 교과서 설명, 학생의 수동적 학습 같은 것만 접할 것이라고 생각하는 것은 심각한 오해이다. 사실 수행, 탐구, 발견은 항상 지식을 구성한다는 개념과 함께 더욱 강조되어야 할 것이다. 앎의 과정 자체가 중요하다는 것은 어느 누구도 부인하지 못할 것이다. Bruner는 Hirsch나 Adler보다 훨씬 더 열정적으로 발견된 지식(과정적 접근법)이 강의나 시연으로부터 습득된 지식보다 더 영향력이 있다고 주장한다. 왜냐하면 발견된 지식은 소유된 지식이라고 결론지으며, 반면에 다른 출처에서 습득된 지식은 학습자 편에서 소유권을 포함하지 않기 때문이다. 이 경우에 과정과 결과 사이에서 교육과정의 균형을 위한 탐색은 절대로 쉽지 않다. 그리고 이러한 균형은 항상 교육과정이 어떻게 설계되든지 모든 교사들에게 가장 큰 과제로 남아 있다.

확실히 지식중심 교육과정에서는 학업 성취에 초점이 주어진다. 이러한 초점은 교사 자신들이 지식중심 교육과정을 가르치기 위해 어떻게 잘 준비되어 있느냐에 대한 질문으로 이어진다. 교사들이 지식중심 교육과정에 반대하는 진정한 이유는 그들 자신이 많은 것을 모르기 때문이라고 아동중심 교육과정을 경멸하는 사람들은 주장한다. 지식중심 교육과정에서 교사들은 성취자이며, 그들의 자료에 대해 알며, 배우기를 열망하는 학자이자 아동과 청소년들에게 모델이라는 것은 자명한 사실이다(〈표 7-3〉 참고).

아마 누군가는 읽기 교사에게 당신이 최근에 읽은 책이 무엇이냐고 당연히 물어볼 수 있을 것이다. 또 다른 사람은 학교 교장에게 "당신은 교직원들과 학생들에게 어느 정도로 학문적 모델입니까?" 라고 질문할 수 있을 것이다.

나는 앞서 전국수학교사협의회(NCTM)가 수년 동안 4학년 때부터 수학 전문가에 의해 수학을 가르치라고 추천했다고 언급했다. 물론 학

〈표 7-3〉 지식중심 교육과정의 핵심

강조	◆ 학문에서 연유한 교과 ◆ 조직된 범위와 계열
교수	◆ 학자/학습자로서의 교사 ◆ 교사주도 교육과정 ◆ 다양한 교수 전략
학습	◆ 교과의 숙달 ◆ 초보 학습자로서의 학생
환경	◆ 학문에 초점 ◆ 전통적인 훈육 ◆ 작업장으로서 학교
평가	◆ 공식적 시험 ◆ 기준에 기반한 평가

습자중심 교육과정을 옹호하는 사람들은 보통 동의하지 않으며, 학생과 교사 사이의 돈독한 관계가 교과 지식만큼이나 중요하다고 예로 든다. 그리고 또한 그들은 학생들이 이 교실 저 교실을 돌아다니며 수업을 전달하는 전문가라고 불리는 사람들 말고, 아이들의 재능을 촉진하는 교사와 함께한다면 어떻게 의미 있는 관계가 성립될 수 있겠냐고 주장한다. 진보주의자들은 자신들이 '전인(whole child)'을 가르친다고 말할 것이다. 지식중심 교육과정을 옹호하는 사람들은 학문적인 지식을 가르쳐야 하는 때에 그것이 문제라고 말할 것이다.

분명히 지식중심 교실에서는 촉진자 또는 양육자로서의 교사를 학문적인 역할 모델로서의 교사보다 더 강조하지는 않는다. 지식중심 교육과정은 그들이 가르치는 교과에 대해서 철저히 아는 교사를 필요로 한다. 그것은 그런 사람들이 좋은 교사가 될 것이라고 보장하지는 않는다. 그것은 단지 필수적인 조건이라는 것이다. 교과에 대한 심층적인 지식이 없으면 학생들을 심층적 수준의 이해로 안내하기 어렵다는 주장은 여전하다.

다른 어떤 교육과정에서도 교육과정의 계획이라는 문제가 있다. 누가 교육과정을 계획해야 하는가? 지식중심 교육과정과 다른 접근법 사이의 대비되는 점을 살펴보도록 하자. 학습자중심 교육과정에서는 교육과정의 대부분이 가능한 한 학생의 흥미에 근거해 실제로 계획된다. 학생의 계획은 교사와 같이 협력하여 수행하지만 그럼에도 불구하고 학생들은 실제로 정책 입안자가 된다. 계획은 대부분 개별화되어 실제로 많은 교육과정이 동시에 주어진 교실에 존재하게 된다. 사회중심 교실에서 공동으로 계획을 짜는 교사와 학생들 그룹을 목격한다. 지식중심 교육과정 옹호자들은 아이들이 자신들의 교육과정을 계획하지 말아야 한다는 데 한결같이 동의한다. 그들은 아이들과 청소년들이 실제로 장기적으로 자신들의 가장 큰 관심사가 무엇인지 알 정도로 성숙하지 못하기 때문이라고 주장한다. Adler와 Hutchins가 가장 좋은 교육과정이 모두를 위한 최고의 교육과정이라고 생각한 것은 이러한 문제에 대한 지식중심적 관점을 요약해 준다. 그것은 학생들이 그들 스스로에 의해 만들어진 교육과정이 아닌 그들을 돌보는 성인들에 의해 만들어진 교육과정을 공부해야 한다는 것이다.

지식중심 교육과정의 계속 반복되는 고정 관념의 하나는 교사나 다른 전문가들이 아이들이 가지지 못한 지혜를 가지고 있다는 것이다. 어느 본질주의자는 "어느 누가 대학생들이 대학의 교육과정을 결정하고 개발하는 것을 원하겠냐"고 주장한다. 만약 대학생들이 준비된 교육과정과 상당한 정도로 교육과정을 선택해 줄 필요가 있다면 어린아이들은 얼마나 많은 성인들의 지도를 필요로 하겠는가? 심지어 대학생들이 특정 전공과목의 교수요목을 결정할 때도 그들은 여전히 그들 스스로 코스를 계획하거나 개발하지 않는다. 모든 면에서 미국이 세계에서 가장 좋은 대학교육 시스템을 가지고 있다는 점을 감안해 볼 때, 왜 우리는 교육과정을 학생들에게 양도하여 변화하려 하는가?

학자들에 의해서 개발된 전통과 지식이 교육과정을 구성해야 한다. 범위와 계열은 시간이 지남에 따라 단순한 것에서 좀 더 복잡한 것으로 신중하게 그리고 전문적으로 설계되어야 한다. 이것은 체계적인 연구를 의미하는 것이다. 그러나 그것은 학생들이 Shakespeare를 공부하기 원하는지, 읽기를 배울지, 또는 대수를 공부할지 여부를 결정하는 것은 학생들의 일이 아니다. 오히려 이것은 학생들이 미래와 현재에 알아야 할 것들에 대한 더 많은 지식과 지혜가 있는 성인들을 위한 일이다. 그러므로 지식중심 교육과정의 범위와 계열은 신중하게 사전에 계획되어야 한다. 이것은 학생들이 교육과정에서 선택의 여지가 없다는 뜻은 아니다. 교사들이 때때로 학생들이 도서관에서 여러 가지 특정 연구 주제와 관련된 책을 읽어 보도록 권장하는 것이나, 학기말 리포트나 프로젝트를 선택할 수 있게 해 주는 것이나 학생들이 독립적으로 그들이 선택한 주제에 대해 연구하도록 하는 것은 흔한 일이다. 흔히 구조나 틀 내에서 선택의 여지가 있긴 하지만, 학문적인 학습의 틀은 분명히 학습자들보다 나이와 경험이 더 많은 사람들에 의해 계획된다.

지식중심 교육과정에서 추구하는 것은 교육받은 사람이 되는 것이다. 흔히 이러한 추구는 점수나 시험성적, 그리고 다른 학생분류 수단으로서 학업 결과에 의해 좋거나 나쁘게 측정된다. 이러한 것은 불가피하게 중요한 교육적 표식이 된다. SAT 결과와 다른 시험의 결과는 단과대학이나 종합대학교가 누구를 합격시키고 불합격시킬지 결정하는 데 사용된다. 특히 지식중심 교육과정이나 학교에서 공부하는 학생들은 진급하면서 학교 공부가 대학교 진학을 위한 준비를 의미한다는 것을 점점 더 인식하게 된다. 중등 수준에서 단순히 대학교 준비 과정

이외의 어떤 것이라고 주장하는 지식중심 교육과정을 목격하기 매우 어렵다. 그러나 지식중심 교육과정 옹호자들은 대학교 진학을 하지 않는 학생들에게도 지식중심 교육과정은 전반적인 인생을 위한 가장 좋은 준비라고 주장한다.

지식중심 교육과정 옹호자들은 잘 교육받은 사람은 그 사람이 대학 진학 여부에 상관없이 실제로 바람직한 인생을 즐길 수 있는 사람이라고 주장한다. 그들은 자유롭게 교육받은 사람은 최고의 가장 잘 적응하는 노동자, 그리고 가장 유식한 시민이 된다고 주장한다. 학교교육의 마지막 연도를 미리 생각하는 초등교사에게 학문적인 엄격성이 고등학교의 영역이라고 생각하게 할 수 있다. 하지만 학문적 수월성의 토대는 초기에 준비된다. 따라서 지식중심이 중등학교 때까지 연기되어야 한다는 주장은 용납될 수 없다.

전통적 교육과정철학: 본질주의와 항존주의

"기본으로 돌아가자." 또는 '위대한 아이디어' 라는 용어는 학교 교육과정의 우선순위를 위한 사고의 지름길 또는 규약이다. 만약 이 교육과정이 기본으로 돌아가는 데에 치우친다면, 우리는 지배적인 철학이 본질주의라는 것을 확신할 수 있다. 본질주의는 인생에서 성공하기 위해 본질적인 것을 가르치고 배우는 것을 의미하는 교육과정철학이다. 만약 어떤 교육과정이 위대하고 변하지 않는 아이디어에 편중된다면 우리는 지배적인 철학이 항존주의라는 것을 확신할 수 있다. 항존주의는 훌륭한 사상가들이 바람직한 인생의 본질에 대해 추단한 위대하고 영속적인 가치에 대해서 배우고 가르치는 것을 의미하는 교육과정철학이다.

미국의 교육사는 미국에서 이러한 철학의 발전에 대한 통찰력을 제공한다. 식민지 시대와 19세기에 걸쳐서 라틴문법학교는 일부 옹호자들에게 항존주의 교육과정을 제공했다. 유명한 보스턴 라틴문법학교가 좋은 사례인 라틴문법학교는 고등교육을 받으려는 소수를 위해 준비된 학교였다. 교육과정은 라틴어, 그리스어, 히브리어 같은 고대 언어를 매우 강조하면서 역사와 인문학에 뿌리를 두었다. 라틴문법학교는 순수하게 학문적이었으며, 그러한 의미에서 오늘날의 엄격한 대학교육과 매우 유사하다.

1749년에 순수한 학문교육과정에 실망을 한 Benjamin Franklin은 필라델피아에 프랭클린 아카데미를 설립했다. 이 학교 또한 엄격한 학문교육과정을 제공했지만, Franklin이 새로운 국가를 건설하는 데 본질적이라고 생각했던 학습 영역에 중점을 두었다. 그의 교육과정은 항해술, 공학, 측량술 그리고 응용수학을 제공했다. 이러한 본질주의의 초기 형태는 항존주의를 표방하는 라틴문법학교에 대한 도전으로서 설립된 여러 아카데미의 분위기를 주도했다. 이들 학교 모두 19세기 동안 계속 번창했으며, 주로 동부에 설립된 많은 사립학교를 제외하고 젊은이들을 교육하는 주요 수단으로서 공립고등학교에 자리를 내주게 되었다.

1892년과 1893년은 미국의 학교 교육과정에 기념비적인 해였다. 전국교육협회(NEA)는 하버드 대학교 총장 Charles Eliot이 이끄는 '10인 위원회' 라고 알려진 모임을 결성했다. 이 위원회의 책무는 미국의 공립학교를 위한 합리적인 중등학교 교육과정을 체계화하는 것이었다. 〈표 7-4〉에 제시된 이 교육과정은 10인 위원회가 수행한 작업의 결과이다. '현대적' 교과인 물리학, 화학, 생물학이 강조된 만큼 고대 언어도 강조되었다는 사실을 주목하라. 이 영향력 있는 보고서는 중등교육과정의 지배적인 형식으로서 항존주의에서 본질주의로 전환되기 시작했다는 신호였다.

불과 25년 후에 또 다른 전국교육협회가 위탁한 특별위원회는 우

〈표 7-4〉 10인 위원회의 보고서에서 추천한 고등학교의 교과시간 할당(1893)

교과	9학년	10학년	11학년	12학년
라틴	주당 5시간	주당 5시간	주당 5시간	주당 5시간
그리스어	라틴어는 그리스어보다 1년 먼저 시작	주당 5시간	주당 4시간	주당 4시간
영어	문학: 주당 3시간 작문: 주당 2시간	문학: 주당 3시간 작문: 주당 2시간	문학: 주당 3시간 작문: 주당 1시간 수사학: 주당 1시간	문학: 주당 3시간 작문: 주당 1시간 문법: 주당 1시간
현대 언어 (선택과목인 독일어/프랑스어는 5학년에 시작)	주당 4시간 언어는 조기에 시작	주당 4시간 조기에 시작된 언어 다른 언어들은 추가적으로 주당 4시간	주당 4시간 언어는 조기에 시작 제2외국어: 주당 4시간	주당 4시간 언어는 조기에 시작 제2외국어: 주당 4시간
수학 (5~8학년 구상(具象) 기하학)	대수 주당 5시간	대수 또는 부기 그리고 상업수학: 주당 2.5시간 기하학: 주당 2.5시간	대수 또는 부기 그리고 상업수학: 주당 2.5시간 기하학: 주당 2.5시간	과학학교 후보자들을 위한 삼각법과 고등 대수
물리학, 화학, 천문학 자연현상 연구 실험에 첫 8년 동안 1주일에 5시간	12주 동안 주당 5시간 천문학은 선택	12주 동안 주당 5시간 천문학은 선택	화학: 주당 5시간	물리학: 주당 5시간

〈표 7-4〉 10인 위원회의 보고서에서 추천한 고등학교의 교과시간 할당(1893)

교과	9학년	10학년	11학년	12학년
자연사 (학년은 특정 되지 않음)	1년: 5시간 식물학 혹은 동물학		반년: 주당 5시간 해부학, 생리학 그리고 위생학	
역사 그리스/로마사 : 8학년 미국사: 7학년 전기/신화: 5~6학년	주당 3시간 프랑스사	주당 3시간 영국사	주당 3시간 미국사	주당 3시간 특정 기간 동안 집중적으로 시민 정부와 지리학 첫 8년 동안에는 주어진 과목 수에 따라 시간 배당이 동일 지구의 환경과 서식동물, 그리고 천문학, 기상학, 동물학, 식물학, 역사, 상업, 인종, 종교 그리고 정부에 대한 요소를 포함하는 과목
자연지리학	고등학교 과정에서 어느 과정은 자연지리학, 지질학 또는 기상학 이러한 것 중 하나 이상의 선택이 가능	기상학 선택 10학년의 반년이나 또는 다음 해	지질학이나 자연지리학 중 선택 반년	

리에게 그 유명한 진보주의의 등장을 분명히 문서에 기술한 '7가지 주요 원리' 라는 보고서를 선보였다(〈표 4-1〉 참고).

본질주의와 항존주의는 전통적인 교육과 교육과정 철학으로 간주된다. 왜냐하면 이들 철학은 권위에 뿌리를 두고 있기 때문이다. 본질주의자들과 항존주의자들은 학생들이 무엇을 공부해야 하는지를 스스로 결정할 능력이 없다는 것에 동의한다. 교육과정은 반드시 전문가가 구성해야 하고 권위를 가진 사람들에 의해서 실행되어야 한다. 학생들은 장래의 성공을 위해 성실한 성인들이 결정한 지식, 기능, 가치를 학습할 필요가 있다. 본질주의자들과 항존주의자들은 학교교육을 성인의 생활을 위한 훈련장으로 본다.

훈육과 질서는 이들 철학의 특징이다. 훈육은 성인의 감독뿐만 아니라 진지한 공부를 위해 필요한 자기 절제의 형식을 취한다. 질서는 성인의 권위에 대한 존중의 형식을 취하며, 또한 질서 있고 미리 예정된 수업 내용의 범위와 계열의 형태를 취한다. 성과를 기초로 한 성취, 시험, 성적, 진급 형식의 학업 기준은 변함없이 본질주의와 항존주의 교육과정에서 발견된다. 이들 교육과정은 지식중심적이다.

두 가지의 세계관은 중복되는 점이 많은 반면에 상당히 다른 점도 있다. 본질주의자들은 항존주의자들보다 훨씬 많은 기술과 응용 학습을 포함한다. 보통 본질주의자들은 사회가 변하기 때문에 교수요목은 예를 들어 직업과 연관이 있는 기능을 강조하거나, 교육과정에 컴퓨터 활용능력을 적용해야 한다고 말할 것이다. 반면 항존주의자들은 영원한 가치의 출처로서뿐만 아니라 영원한 가치 본래의 목적으로서 역사, 인문학, 순수 수학과 과학을 강조할 것이다.

예컨대 본질주의자들은 엔지니어, 간호사, 강한 군대와 같은 국가의 이익을 더 강조하는 반면, 항존주의자들은 잘 교육받은 시민이 양성될 때 이러한 것들이 자연히 처리될 수 있다고 생각한다. 어떤 의미에서 이러한 차이점은 필요로 하는 모든 것을 수반하는 학문이라는 현대적 관점과 좋은 삶으로의 안내자로서의 미덕이라는 영원한 관점에 있다. 확실히 본질주의자들은 생산적인 시민을 양성하기 위해 설계된 엄격한 교수요목을 제공하는 반면, 항존주의자들은 계몽된 시민을 양성하기 위해 설계된 엄격한 교수요목을 제공한다.

두 가지 중 확실히 본질주의가 오늘날 미국의 교육에서 지배적이다. 본질주의자들은 기초, 표준, 시험을 요구하며, 중핵지식 교육과정은 최근에 많은 주목을 끌고 있다. 예전의 엘리트 교육 교육과정인 항존주의는 상대적으로 열세라고 할 수 있다. 항존주의에 가장 매력을 느끼는 곳이 (흔히 종교에 기반을 둔) 사립대학 진학 준비 학교였다.

이러한 두 가지 보수적인 교육철학은 미래에 대한 교육적인 노력에 초점을 둔다. 학생들은 미래의 학습과 직업을 위해 그들이 준비하도록 설계된 교육과정을 공부하도록 요구된다. 아동기와 청소년기는 학생들이 드러난 아동기의 흥미보다 노력을 통해 개인적 · 사회적 · 전문적으로 성인기의 성공에 이르도록 요구받는 시기이다. 이러한 관점은 현재와 학생들의 흥미에 중점을 두는 진보주의적인 관점과 현저히 대비가 된다.

생각해 보기

다음은 Charles Dickens의 『어려운 시절』의 제1장에서 발췌한 것이다. 화자는 모델학교를 설립한 실업가인 미스터 Thomas Gradgrind이다. Gradgrind는 모델학교의 교사인 McChoakumchild 씨에게 이야기를 하고 있다. 『어려운 시절』은 1854년에 처음 출판되었다.

제1장: 필요한 단 한 가지

"자, 내가 원하는 것은 사실이오. 이 학생들에게 사실만을 가르치시오. 살아가는 데는 사실만이 필요한 거요. 사실 이외에는 어떤 것도 심지 말고 사실 이외의 모든 것을 뽑아 버리시오. 사실에 기초할 때만 이성적으로 생각하는 인간을 만들 수 있는 거요. 학생들에겐 사실 이외의 어떤 것도 전혀 도움이 되지 않소. 이것이 내가 내 자식들을 키우는 원칙이고, 이것이 내가 이 학생들을 교육시키는 원칙이오. 사실만을 고수하시오, 선생!"

장소는 아무런 장식도 없이 수수하고 단조로우며 천장이 둥근 교실이었다. 이야기하는 사람은 말을 마칠 때마다 네모진 집게 손가락으로 선생의 옷소매에 줄을 그어 자기의 의견을 강조했다. 네모난 벽처럼 생긴 이마가 그의 의견을 강조하는 데 한몫했고, 눈썹은 그 벽의 기반을 이루었으며, 두 눈은 그 벽에 의해 그림자가 지는 어두운 쌍 굴 속의 널찍한 지하저장고였다. 쭉 찢어지고 얄팍하면서도 꽉 다문 입이 그의 의견을 강조하는 데 일조했다. 단호하고 메마르며 명령적인 말투 또한 그런 강조에 일조했다. 대머리 가장자리에 빳빳하게 난, 번쩍이는 두피에 바람이 닿지 못하도록 막고 있는 전나무 인공림 같은 머리카락 역시 그의 의견을 강조하는 데 일조했다. 그의 머리는 마치 안에 저장된 사실들 때문에 공간이 부족한 양, 플럼 파이의 껍질처럼 혹으로 잔뜩 덮여 있었다. 이야기하는 사람의 고집 센 태도와 네모진 코트, 네모진 다리, 네모진 어깨, 심지어는 분명한 사실처럼 그의 목을 옴짝달싹 못하게 조이도록 훈련받은 듯한 넥타이까지도 그의 의견을 강조하는 데 일조했다.

"이 세상은 사실만을 원하오. 선생, 사실만을!"

이야기하던 사람과 학교 선생, 그리고 그 자리에 있던 제3의 인물이 교실 뒤편으로 약간 물러나서, 무지막지한 양의 사실들이 가득 채워질 때까지 자신들에게 쏟아 부어지기를 기다리며 바로 그 순간 그곳에 경사면을 이루어 정렬해 있는 작은 그릇들(아이들)을 눈으로 훑어보았다.

◆ 이 글을 보면서 (혹시 있다면) 현재의 논의와 어떤 관계가 있는지 알 수 있는가?

Bruner에 대한 회고

Jerome Bruner의 아이디어는 단순한 범주화를 거부하며, 많은 지식중심 옹호자들과 달리 자신을 전통주의자가 아니라 개혁가라고 불렀다. 사실 많은 지식중심 교육과정 옹호자들은 그가 중점을 둔 과정(process)은 교육에서 문제점의 일부라고 생각한다(〈표 7-1〉 참고).

그럼에도 불구하고 Bruner의 연구에서 비롯된 일부 원리나 개념은 지식중심 교육과정에 여러 가지로 큰 도움을 주는 것처럼 보인다.

학문 속의 지식의 구조

Bruner는 오늘날 유명한 수행적 중심에 대해 문제 삼으며, 교육은 단지 수행뿐만 아니라 이해를 야기해야 한다고 말한다. 그는 수행교육은 때로 진정한 이해에 근거를 두지 않으며, 이러한 진정한 이해는 지식의 구조를 이해함으로써 이루어진다고 제안한다. 그는 두 개의 주요 요소를 가진 어느 학문 속에서 지식의 구조를 기술하거나 정의한다.

그 첫 번째 구조의 요소는 특정 학문의 주요 아이디어나 개념으로 이루어진다. 생물학, 문학, 수학, 또는 지리학의 주요 아이디어는 무엇인가? 이것이 구조의 한 가지 측면이다. Bruner는 교사들에게 관계없어 보이는 정보가 아니라 그것의 핵심이나 전체 그리고 응집의 형태로 지식에 역점을 두라고 권고한다. 잠시 아름다운 꽃병에 대해 생각해 보자. 이 꽃병이 깨지지 않은 온전한 상태를 상상해 보고 그것이 수많은 조각으로 부서진 것을 상상해 보자. 꽃병의 핵심은 바닥에 흩어진 수천 조각의 유리조각이 아니라 전체와 온전함에서 발견된다.

Bruner가 암시하는 구조의 또 다른 측면은 *방법*이다. 이것은 실제로 지식을 생산하는 사람들이 실행하는 내용이라는 문제를 제기한다. 그들은 시간을 어떻게 소비하는가? 물리학자, 화가, 작가는 무엇을 하는가? Bruner는 '당신은 이 아이들을 어린 역사가나 수학자로 만들려고 합니까?' 라는 식으로 여러 번 질문을 받았다. 그리고 Bruner는 이것이 정확한 요점이라고 대답했다. 학생들은 그들이 지식을 창조하는 과정에 능동적으로 참여하게 될 때 작가, 역사가 그리고 과학자가 된다. 또한 학생들은 역사, 수학, 쓰기 등의 주요 아이디어를 배우지만 학문의 기술을 연습한다. 그것이 Bruner가 의미하는 이해인 것이다.

분명히 자신만의 아이디어가 아닌 관련된 Bruner의 아이디어는 *발견된* 지식이 그저 습득된 지식보다 학습자에게 더 유용하다는 점이다. 발견된 지식은 기존의 지식을 기반으로 하는 반면, 강의나 교과서에서 습득한 정보는 학습자가 이미 얼마만큼 알고 있는지를 반드시 고려하지는 않는다. 발견자에게 자신이 이미 알고 있는 것은 어떤 것을 발견할 수 있고 발견할 수 있을런지에 매우 중요하다. 전설에 의하면 Isaac Newton이 떨어지는 사과에 머리를 맞고 중력의 법칙을 발견하였다고 한다. 그러나 많은 사람들이 떨어지는 사과에 머리를 맞고 그것을 물리학의 만유인력의 법칙과 연결 짓는 것은 아니다. 그러한 의미에서 사전 학습은 새로운 학습의 토대가 된다. 바꿔 말하면 여러분이 어떤 것에 대해 더 많이 알면 알수록 여러분은 스스로 더 많은 것을 학습할 수 있다. 스스로 학습하는 능력은 일상생활의 사소한 일용품이 아니다. 이러한 사고는 어린 시절에 학문적인 학습의 중요성을 강조하는 지식중심 옹호자들이 강력히 주장하는 점이다.

또 다른 Bruner의 아이디어는 교수와 학습의 목적은 다루는 범위가 아니라 깊이라는 점이다. 그러한 의미에서 Bruner는 교사들에게 *많이 가르치지 말고 적게 가르쳐야 한다*고 권유했던 철학자인 Alfred North Whitehead(1929)와 의견을 같이하고 있다. 그 이유는 무엇인가? 왜냐하면 적은 것이 더 많기 때문이다. 너무 많은 교과를 가르치지 말라는 것이 Whitehead가 주장한 것이다. 당신이 가르치는 몇 가지 중요한 아이디어를 깊이 있게 다루시오. 아이디어가 의미 있지 않거나 중요하지 않다면 당신은 그것을 가르치지 말아야 한다.

Bruner의 잘 알려진 공헌(그리고 Hirsch가 문제 삼은 것)이 나선형 교육과정(spiral curriculum)이다. 나선형 교육과정이라는 아이디어는 각 학문으로부터 주요 개념과 방법이 확인되고 여러 학년 동안 음미되고 재음미되면서 정교성의 수준이 증가된다는 것이다. 그래서 교육과정이 나선처럼 같은 개념에 대해 계속 되돌아가지만 다른 맥락을 활용하여 이해의 증가를 요구하며, 다른 문제나 내용을 활용하고 사전 지식과 기능을 심각하게 고려하는 것을 생각해 보시오. 문제는 지식 위에 지식을 쌓는 것을 의미하는 스키마(schema: 인지구조) 이론이라 불리는 것이다. Hirsch가 주로 이의를 제기하는 점은 Bruner가 나선형 개념과 기능을 강조하는 것이며, 이러한 점이 사람들을 오도시킨다고 생각한다. Hirsch는 교육과정의 기초 단위로서 파악하기 어려운 개념과 기능이 아닌 지식을 선호한다.

생각해 보기

다음은 Bruner의 저서 『교육의 문화(The Culture of Education)』

(1996, p. 119, 120)에서 인용한 발췌문이다.

> 오래전에 나는 '나선형 교육과정'이라는 개념을 제안한 바 있다. 그 개념은 하나의 주제를 가르치는 경우에 있어서, 학생들이 알아들을 수 있는 범위 내에서 직관적으로 설명하고, 나중에는 보다 형식적이고 고도로 구조화된 설명으로 순환하는 아이디어로서, 이 과정에서 필요한 만큼의 재순환이 수없이 반복되겠지만 학습자들이 최대의 생성력(generative power)으로 토픽이나 주제를 숙달할 때까지 순환학습을 해 나가는 그런 방식을 의미한다. … 나는 이 모형에서 "어떤 주제든지 그 지적 성격에 충실한 형태로 모종의 발달 단계에 있는 어떤 연령의 아동에게도 가르칠 수 있다."는 철학적 금언을 따르고 있다. 지난 30년간 아동의 추리력 향상에 대한 연구를 통해서, 비록 이 연구가 신중한 주의를 당부하고 있지만 대체로 나선형 교육과정이 옳았음을 확신시켜 주었다.

◆ 나선형 교육과정에 대해 어떻게 생각하는가? 그리고 당신이 생각하는 주의 사항에는 어떤 것이 있는가?

본질주의 패러다임

> 어떤 교리의 견해이든, 실천의 견해이든, 해석의 견해이든, 사물의 본질을 주시하라.
>
> *Marcus Aurelius*

흔히 교육과정에 대한 본질주의적 접근법은 '전통적'이거나 '기초적'이라고 부른다. 본질주의 운동은 진보주의 운동이 지나치다는 것을 인지하고 이에 대한 반동으로 1930년대에 본격적으로 시작되었다. 진보주의 운동 또한 19세기 말에 '전통적인' 학교교육의 접근법에 대한 반동으로 활발하게 일어난 것도 사실이다. 100년이 넘는 동안 본질주의와 진보주의는 서로 경합을 벌이면서 이들의 정체가 알려지게 되었다. John Dewey는 다음과 같이 기술했다(1938).

> 소위 새 교육과 진보주의 학교의 등장은 전통 교육에 대한 자연적인 불만의 산물이다. 사실상 그것은 전통 교육에 대한 비판이다.

Dewey는 전통 교육을 외부로부터 또는 상부로부터 부과된 교육과정으로 기술하였다. 그는 그러한 교육과정이 분과 학문을 의미하는 성인의 기준과 성인의 교과를 부과한다고 주장했다. 그는 또한 교육과정을 가르치기 위해 사용되는 방법을 비판하면서, 이러한 방법이 아이들의 능력을 벗어나는 것이며, 고등 연구를 수행하는 성인들에게 더 적합하다고 언급하였다. 그는 계속해서 그러한 교육과정은 Alfred Lord Tennyson의 시에 기록된 영국 경기병대(Light Brigade)의 비극적인 돌격과 같은 것이라고 말했다. 경기병대는 적에게 대패(약 600여 명이 죽음－역주)하였기 때문에, 실제로 이러한 것은 심한 말이다.

1930년대 무렵 Dewey에 의해 이렇게 풍자되고 비웃음을 산 전통적 접근법에 대한 옹호자들은 미국의 학교에서 엄청난 진보주의의 영향을 목격했다. 컬럼비아 대학교 사범대학의 교육학 교수인 William Chandler Bagley의 지도 아래 전통주의자들은 '기초교육위원회(Council on Basic Education)'라는 조직을 만들었다. 이 위원회에 의해 형성된 반대 운동은 본질주의로 알려지게 되었다. 본질주의자들은 이제 기초로 돌아갈 때라고 주장하였다.

본질주의 교육과정

본질주의 교육과정은 '본질적인' 기능과 지식의 교육과정이다. 그것은 "학생들은 미래의 생활을 위해 어떤 지식과 기능이 필요한가?" 라는 질문을 던지는 미래지향적 교육과정이다. 반면 그것은 과거의 '고등적인 수준'으로 돌아가는 것을 옹호한다는 점에서 과거지향적인 교육과정이기도 하다. 비교해 보면 진보주의의 패러다임은 현재 지향적이며, Dewey가 수차례 말한 것처럼 학교는 생활을 위한 준비과정이 아니라 생활 그 자체라고 말한다. 이러한 점에도 불구하고, 본질주의자와 진보주의자들 모두 자신들의 교육철학이 불확실한 미래에서 생활을 위한 가장 최고의 준비라고 주장한다.

가장 순수한 형태로 본질주의 교육과정은 유서 깊은 학문에 대응하는 분과로 조직된다. 이러한 아이디어는 기초 소양(literacy)이 불확실한 미래에 대처해야 하는 학생들에게 최고의 준비라는 것이다. 이러한 아이디어는 학생들이 문학, 문법, 과학, 수학, 역사, 그리고 지리를 포함하는 광범위한 자유교육, 즉 학문적인 교육을 받아야 한다는 것이다. 특히 전문가들이 분과를 가르치는 중등학교 수준에서는 전통적으로 교과 간에 연계가 거의 없다. 심지어 초등학교 수준에서도 한 교사가 가르치기는 하지만 역시 분과를 가르친다.

초등학교 수준에서 본질주의 교육과정은 흔히 문법, 철자, 습자, 문학, 읽기(발음 중심의 어학 교수법 포함), 작문, 말하기, 듣기를 포함하는 언어과와 같은 진보주의의 통합교육과정을 허용한다. 그러나 진보주의를 옹호하는 사람들처럼 언어과와 연계시키려는 노력은 거의 없다. 문제는 초등학교 교사들은 전문가가 아니라 다방면의 지식을 가지고 넓은 범위의 교과를 가르치는 사람이라는 점이다. 논점은 어느 정도 적합한 나이에 어린이들이 전문가들이 가르치는 분과 수업을 받아야 하는 문제라고 볼 수 있다.

본질주의 교육과정은 보통 교과서를 기본으로 한다. 심지어 1학년 수준에서도 본질주의자들은 발음법에서 기능 발달을 향상시키는 기초적인 독본의 필요성을 주장하는 반면, 진보주의자들은 보통 '진짜 책'을 통한 총체적 언어 접근법을 주장할 것이다. 본질주의 교사들은 수업과 학습의 흐름을 조절하기 위해 특별히 준비되는 교과서 지침서나 교사용 지도서를 활용한다. 왜냐하면 적어도 초등 수준에서 교과서는 일련의 순서에 따른 범위(다루는 내용의 폭), 계열(다루는 내용의 수준별 배열)이 확립되며, 적절한 시기에 중요한 토픽을 소개하기 때문이다. 이런 의미에서 교육과정은 학생과 교사의 관심과 무관한 대상으로 여겨진다. 왜냐하면 교과서는 학교에 완성품으로 도착하기 때문에 지역의 요구나 관심에 부응하지 못하기 때문이다.

본질주의 교육과정은 그것이 보통 교과서 위주의 교육이라 할지라도 교과서 위주의 교육이 될 필요는 없다. 교과서와 관련된 많은 문제가 수차례에 걸쳐 보고되었다. 비평가들은 교과서의 내용에 수많은 오류와 지식과 기능 전달 방식의 무미건조하고 지루한 점까지 여러 가지 단점을 예로 든다. 역사가 Diane Ravitch와 같은 비평가들은 미국이 국가 교육과정을 견지하고 있다고 지적한 것처럼 학교에서 교과서는 매우 보편적이다. 캘리포니아 주, 텍사스 주, 플로리다 주는 전체 교과서 매출량의 약 30%를 점유하며, 교과서 채택을 도입하고 있는 기타 주에 영향력을 행사한다. 또한 네 개 출판사(McGraw-Hill, Harcourt, Houghton Mifflin, and Pearson)가 교과서 시장의 70%를 지배한다(Enter for Educational Reform, 2001). 따라서 좋든 나쁘든 본질주의는 적어도 교과서로 상징되는 만큼 미국의 공교육에서 지배적인 교육과정으로 자리잡았다.

교사의 역할

본질주의 교육과정에서 교사는 학습 주도자의 역할을 한다. 학생들보다 가르치는 교과에 대한 지식과 지식을 전달하는 방법에서 고도의 전문성을 가진 성숙한 성인이라는 가정 때문에 교사에게 무게 중심이 놓인다. 교사는 성인의 권위를 대변하며, 아이들은 지식과 기능이 목적지향적 생활에 중요한 것을 판단하는 데 있어서 더 나은 위치에 있다고 생각된다. 〈표 7-5〉는 본질주의 교육과정의 특징을 나열하고 있다.

〈표 7–5〉 본질주의 교육과정의 특징

강조	◆ 기초 기능과 지식에 초점 ◆ 교과서 지향 ◆ 처방된 범위와 계열 ◆ 내용에 초점 ◆ 분과 강조
교수	◆ 직접 교수 ◆ 교사 중심 ◆ 전통적인 교수 ◆ 권위자로서의 교사 ◆ 교과 전문가로서의 교사
학습	◆ 지식과 기능의 습득 ◆ 교사선도와 교사주도 ◆ 자율학습 ◆ 경쟁적
환경	◆ 학문에 역점 ◆ 전통적 훈육 ◆ 직장으로서의 학교
평가	◆ 연령별 학급 ◆ 전문화된 ◆ 세분화된 ◆ 표준 시험 ◆ 평어점수(letter grades)

프로젝트나 자율학습, 집단 학습 그리고 어린이들이 학습에 좀 더 흥미를 끌기 위한 교구를 위한 조정이 이루어지더라도 교사에 의한 직접교수가 일반적이다. 교사는 학습을 평가해야 할 책임이 있으며, 또한 진급과 평가가 교사에게 달려 있다. 모든 것을 고려해 볼 때 교사는 학습을 촉진하지 않고 주도한다.

학생의 역할

본질주의 교육과정에서 학생은 학문적 기능과 지식을 습득하도록 기대된다. 교수요목에서 자제, 노력 그리고 참여 같은 가치가 크게 기대된다. 보통 학생들은 교육과정 강좌의 계획에서 발언권이 거의 없다. 이런 문제는 성인들의 권위에 맡기는 편이 더 낫다. 그래서 학생의 계획이나 내용과 학습 방법에 대한 선택과 자기평가와 같은 문제는 거의 없다. 학생들의 할 일은 자료를 학습하고 과제를 마치는 것이다. 공정하게 말하면 선택은 잘 처방된 틀 속에 흔히 존재한다. 그러나 진보주의를 표방하는 교실과 같은 자유로운 형식은 거의 없다. 전체 학생들 앞에 선 교사의 전형적인 이미지는 가르치는 것이다.

본질주의를 반대하는 사람들은 학생의 역할이 수동적이라고 주장한다. 보통 진보주의를 표방하는 학급의 학생들이 보통 본질주의를 표방하는 학급의 학생들보다 훨씬 활동적이라는 것은 사실이다. 그러나 본질주의도 마찬가지로 학급에서 집단 활동, 프로젝트 작업, 구성, 학급에서의 학생들의 움직임을 어느 정도 찾아볼 수 있다. 본질주의자들은 단지 이리저리 옮겨 다니는 것이 아닌 능동적인 마음에 역점을 둔다고 주장할 것이다. 그들은 엄격한 학문적 교육과정이 최고의 활동 형식을 대표한다고 주장한다. 왜냐하면 이러한 교육과정이 마음을 환기시키기 때문이다. 이러한 주장이 유효한지 여부는 견해상의 문제이다.

교육과정의 조직

본질주의를 표방하는 교실과 학교는 주로 성취에 근거해 진급하는 연령별 조직으로 구성된다. 이것은 Horace Mann(Cremin, 1957)이 독일 방문 중에 이러한 편성방식을 처음으로 목격한 후 이러한 방식으로 학교를 조직하도록 조언한 19세기 중반 이후로 전통이 되었다. 본질주의자들은 자동진급, 무학년 학교 조직과 같은 혁신을 학업 성취의 향상과 같은 현실적인 문제에서 동떨어진 일시적인 유행 정도로 보는 경향이 있다. 이상하게도 자동진급이 진지하게 이루어지는 곳에서 흔히 연습장 교육과정, 절대평가, 순수한 본질주의가 목격된다. 진보주의자들은 이러한 상황을 자동진급이라는 개념의 오용이라고 지적한다.

또한 교육과정은 초등학교 수준에서 한두 교사가 수업하는 학급의 일일 시간표의 형태 또는 중등 수준에서의 교과 전문교사가 수업하는 교과에 의해 조직된다. 왜냐하면 학업 성취를 매우 강조하며 능력별 반편성은 일반적 현상인데, 초등 수준의 읽기 그룹부터 중등 수준의 계열화(tracking)까지 걸쳐 있기 때문이다. 초등학교 수준에서 능력별 반편성이 이루어지고 있는 반면에, 조례 편성은 그대로 유지된다. 예컨대 읽기 그룹은 학급의 다른 부분을 차지한다. 중급 수준에서 학생들은 고급이나 중급으로 섞이게 되며, 기초 수학반은 그 등급에 맞는 교사에게서 수업을 받게 된다. 이러한 것이 능력별 반편성의 시작이다. 그러나 중등학교 수준에서 우리는 본질주의의 기본적 신조 중 하나에 맞닥뜨리게 되는데, 그것은 학업 능력에 따른 학생들의 분류와 계열화이다. 규모가 큰 종합고등학교에서 이것은 대학진학 준비 과정, 직업 진로 또는 그 중간 과정쯤을 의미하게 된다.

평가

평가는 학생의 진보에 대한 평어, 표준화 검사, 통지표, 교사의 판단 형식으로 이루어진다. 평가 또한 계획처럼 교사나 다른 전문가들에게 주로 형식적인 평가가 평가와 진단에서 역할을 한다고 하더라도, 기말고사부터 표준화검사까지 걸치는 총괄평가에 대해 역점을 둔다. 순수 본질주의자들은 진보주의자들이 제시한 자동진급(social promotion)이라는 아이디어에 난색을 표시한다. 요즘의 표준화 운동과 모든 아동에게 시험을 강요하는 것은 본질주의 교육의 사고와 실제가 끼친 영향의 증거이다.

본질주의에 대한 고찰

본질주의 교육과정을 고찰하는 한 가지 관점은 그것을 "기초로 돌아가자(back to basics)."는 모델로서 보는 것이다. 이것은 전부는 아니지만 어느 정도 상황을 너무 지나치게 단순화시킨다. 기초로 돌아가자는 생각은 교육과정이 한때 기초에 근거해서 수립되었지만 어찌되었는지 길을 잃었다는 가정을 근거로 한다. 실제로 이것은 본질주의자들의 논쟁의 핵심이며, 학교에 들어와 상황을 악화시킨 철학의 주범이 진보주의라는 것이다. 실제로 사람들이 본질주의 운동이 진보주의보다 오래되었다고 잘못 생각하는데, 본질주의 운동은 진보주의보다 늦게 시작했다. 그것은 진보주의의 과도한 수용과 진보주의자들의 기본 요소인 실용주의에 대한 반발로 1930년대 후반에 나타났다.

컬럼비아 대학교의 William Chandler Bagley 교수는 1938년 NEA의 연례 회의에서 다음과 같은 점을 강조하면서 본질주의의 입장을 분명히 밝혔다.

- 미국의 학생들은 다른 나라의 학생들이 달성하는 성취의 기준에 달성하지 못하고 있다.
- 고등학생들의 문맹률이 높아지고 있다.
- 모든 학년에서 수학과 문법에 상당한 결손이 존재한다.
- 훨씬 더 많은 돈이 교육에 투자되고 있지만, 범죄율과 같은 문제가 계속 증가하고 있다.

위와 같은 주제가 그 이후로 매년마다 주 의회에서 그리고 교육 관련 학술대회에서 계속 반복해서 논의되고 있다. 때때로 Bagley와 다른 본질주의자들은 '생활 적응' 강좌, 추가 교육과정에 대한 과도한 강조, 자아존중감, 학습 스타일과 같은 교육의 일시적 유행, 기초 지식, 태도, 기능 같은 학교의 실제 목적에서 벗어난 터무니없는 것들을 지적한다.

본질주의는 당신이 생각하는 것처럼 본질적인 것을 의미한다. 본질적인 것이란 우리가 그것 없이 견딜 수 없는 것이다. 따라서 우리가 존재하기 위해 공기, 물, 음식, 주거지 같은 것이 필요한 것처럼, 학교의 교과도 학생들의 존재에 필요하다. 그러한 기초적인 것은 보통 읽기, 쓰기, 수학, 과학, 역사, 공민, 지리 또는 문해와 산술 능력이라고 부르는 것을 포함한다. 무엇을 넣고 빼야 하는 목록은 누가 그것을 편집하느냐에 따라 다르지만, 위에서 언급된 교과는 확실히 널리 합의된 기초적인 것이다. 예술은 어떤 목록에는 있으나 어떤 목록에는 빠져 있다.

본질주의의 관점은 교과 그 자체 이상을 말한다. 또한 그것은 사회적 · 도덕적 예절과 인성 발달의 문제를 포함한다. 중핵지식 교육과정의 주요 설계자였던 E. D. Hirsch, Jr.와 베스트셀러인 『미덕의 책(The Book of Virtues)』의 편집자 William Bennett은 가치 긍정적인 인성 발달에 대한 문제를 이야기나 다른 형태를 통해 언급한다. 본질주의자들이 강조하는 인성의 속성은 훈육과 노력, 타인과 소유물에 대한 존중, 목표 설정, 즉각적 만족의 지연, 민주주의와 개인의 권리, 책임과 기타 관련된 가치이다. 분명히 Hirsch는 본질주의자인 반면, 아마도 Bennett은 본질주의자 못지않게 항존주의자이다.

본질주의 교육과정이 당신의 학교에 적합한가?

만약 당신이 이제 방금 스케치한 프로파일에 어느 정도 동의한다면, 당신은 본질적인 교육과정에 대한 고려를 진지하게 원할 것이다. 당신 스스로를 본질주의자라고 생각한다면 당신은 잘 알려진 교육 사상가가 당신 편에 있을 것이라고 생각할 것이다. 본질주의 교육과정을 강하게 주장한 인물로는 비판적인 저서 『교육의 황무지(Educational Wastelands)』(1953)를 쓴 Arthur Bestor와 본질주의 운동의 창시자인 William C. Bagley, 자신의 중핵지식 교육과정이 여러 장면에서 활용되고 있는 E. D. Hirsch, Jr. 그리고 진보주의 교육을 신랄하게 비판했던 Hyman Rickover 해군 제독이 있다.

본보기 6

E. D. Hirsch, Jr.의 중핵지식 교육과정:

본질주의

8학년을 위한 중핵지식의 계열은 교육과정의 중요한 내용에 대한 지침이다. 목표, 기능 그리고 일반적인 학습 결과를 나열하는 다른 교육과정 지침과 달리, 중핵지식의 계열은 학년별로 배우는 구체적인 내용을 열거한다. 이 교육과정은 지식에 대한 공통 중핵의 네 가지 측면 또는 속성을 확인한다. 그것은 다음과 같다.

- 공유된
- 확고한
- 계열화된
- 구체적

'공유된 지식(shared knowledge)'이란 Hirsch가 '문화소양(cultural literacy)'이라고 부르는 것의 토대에 있다. 소수가 수학, 역사, 문학 등을 아는 것으로는 충분하지 않다. 다시 말하면 우리 모두가 공통 문화를 갖고 있다는 주장을 하기 위해 모든 문화의 구성원은 중요한 공통 지식을 가져야 한다는 것이다. 전래 동요부터 기하학에 이르는 그러한 모든 것에 대한 공통 지식이 없으면 실제적인 의사소통이 불가능할 것이다.

'확고한 지식(solid knowledge)'을 정의하면 중핵지식 계열은 전통, 발견, 발명, 이야기, 신화, 그리고 과학, 수학, 역사, 문학, 예술, 지리에서 비롯된 일련의 다른 지식을 포함하는 지속적이고 중요한 지식을 의미한다. 확고한 지식에 관한 주장은 그 자체로 독립 구조로 유지되는 기능에 대한 교수와 학습과 내용이 없는 비판적 사고 능력에 대한 진보주의적인 주장에 반대되는 것이다.

'계열화된 지식(sequenced knowledge)'은 그 용어가 의미하는 것처럼 기존의 지식 위에 새로운 지식을 축적하는 것을 의미한다. 어떤 의미에서 이것은 정교성과 복잡성이 증가되면서 아이디어가 음미되고 재음미되는 나선형 교육과정과 비슷하다. 그러나 중핵지식을 옹호하는 사람들은 그러한 비교를 회피한다. 대신 그들은 로마에 관한 학습에 앞서 고대 그리스를 공부하거나 곱셈에 앞서 덧셈을 공부하는 일관된 방식으로 계열화된 구체적 지식에 초점을 맞춘다.

'구체적 지식(specific knowledge)'은 중요한 용어, 이름, 날짜, 사건 그리고 발견을 확인하고 그러한 역사적 사실을 학생들이 확실하게 공부하는 것을 말한다. 물론 이 교육과정은 아동이 세계를 이해하며, 특히 전통, 이야기, 역사를 가진 자신의 문화를 이해하는 데 중요하다고 여기는 구체적 지식에 근거한다. 또한 이 교육과정은 어떤 구체적 지식이 자의적이라는 점과, 교사와 학생들은 자신들이 공부하고 싶은 내용을 선택할 수 있어야 한다는 진보주의 교육과정이론으로부터 크게 탈피한다는 점을 보여 준다.

엘리트주의 교육과정인가?

중핵지식은 Mortimer Adler의 파이데이아 제안과 많은 점을 공유하며, 그중에서 유럽중심적이며 엘리트주의 교육과정이라는 비난을 받고 있다. Hirsch도 Adler처럼 이러한 비난을 부인한다. 그는 그의 교육과정이 학생과 교사에게 덜 요구하는 교육과정보다 더 민주적이며 덜 엘리트주의라고 주장한다. Hirsch는 현재 엘리트들만 소유하고 있는 지식은 공립학교와 같이 누구나 갈 수 있는 기관을 통해 아이들이 소유할 수 있어야 한다고 확신한다. Adler와 같이 Hirsch는 사실상 진보주의 교육과정이 모든 학생들이 직업 세계 또는 고등 수준의 연구에서 미래의 성공에 필요한 높은 수준의 학문적 기준을 강조하지 않는 엘리트주의라고 주장한다. 유럽중심주의적이라는 비판은 확실히 엘리트주의라는 비판과 연결되어 있으며, 이것은 어떤 의미에서 더 문제가 있다. 내용을 살펴보면 사람들로 하여금 대부분의 내용이 서구 세계의 역사, 문화, 이야기 등으로부터 비롯되었다고 결론짓게 만든다.

그러나 교육과정에 공정을 기하기 위해 중핵지식은 사실상 동양 세계와 다른 문화를 다루며 문명에 대한 소수 집단의 공헌도 다룬다.

〈표 7-6〉에 나타난 중핵지식 내용에 근거하는 교육과정 단원의 사례를 참고하라.

학생의 역할

중핵지식 교육과정에서 지식 습득이 학생의 역할이다. 교육과정의 내용은 분명하게 설명되며 학생들은 그것을 분명히 습득하도록 기대된다. 중핵지식 교육과정의 파이데이아적 관점은 일반적인 지식이 심층적인 지식으로 입문하는 데 가장 좋다는 것이다. 즉 어린 학습자(K-8)의 역할은 전통적인 학문에서 비롯된 교과의 수많은 사례와 일반적인 원리에 친숙해지는 것이다. Hirsch는 학생들의 일반적인 학습 능력은 그들의 일반적인 지식과 매우 상관관계가 높다고 주장한다. 그러므로 단순히 읽고 쓰고 셈하는 것이 아니라 과학, 역사, 지리, 공민, 윤리, 예술, 그리고 문학에 대한 광범위한 교과의 범위가 학생이 시민들과 함께 지식체(문화소양)를 공유하는 독립적으로 사고하고 박식한 참여적인 시민이 되는 데 매우 중요하다.

〈표 7-6〉 본질주의 교육과정의 사례: 중핵지식

미국의 문명 2학년	
일반적인 주제와 지침 ◆ 중요한 미국인들의 생애와 업적 ◆ 연표 이해를 위한 연대순	
구체적인 내용	
헌법에 입각한 미국 정부	
(이번에는 개념만 소개함. 헌법에 관해서는 4학년에서 시작)	◆ '헌법의 아버지' James Madison
1812년 전쟁	◆ Madison 대통령 ◆ Dolley Madison(1768~1849)(매디슨 대통령의 아내－역주) ◆ Old Ironsides(배 이름: 미국의 프리깃함 콘스티튜션호의 애칭－역주) ◆ 영국군이 백악관과 의회를 불태우다 ◆ Fort McHenry(메릴랜드 주 볼티모어 항구에 있는 요새－역주) ◆ Francis Scott Key, '미국 국가' (The Star Spangled Banner)
서부로의 팽창	◆ 개척자들 ◆ 여행의 새로운 방법과 루트 ◆ 이리(Erie) 운하; 철도 ◆ 증기선의 발명, Robert Fulton
멕시코와의 전쟁	◆ 텍사스 주 알라모 요새("알라모를 기억하라") ◆ Davy Crockett(1786~1836)(미국의 개척자 · 정치가 · 민간 전승의 영웅으로 Alamo 요새 방어전에서 전사함－역주) ◆ Jim Bowie(1799-1836)(미국의 군인 · 개척자－역주)

(계속)

〈표 7-6〉 본질주의 교육과정의 사례: 중핵지식

미국의 원주민	◆ 인디언 보호구역으로의 강제 이주 ◆ 수족(인디언의 한 부족) ◆ Sitting Bull(1834~1890)(아메리카 인디언 수(Sioux) 족 추장으로 Custer 장군이 거느리는 백인 부대를 몰 살시켰음—역주) ◆ Crazy Horse(1849?~1877)(Sioux족 인디언 추장으로 Little Bighorn 전투에서 Custer 장군의 기병대를 전멸시켰음—역주) ◆ Little Bighorn에서의 Custer 장군의 마지막 저항 ◆ 아파치(Apache)족 ◆ 제로니모(Geronimo)(아파치족의 추장—역주)
개척시대의 미국 서부지역	◆ Buffalo Bill, Annie Oakley (주의: 5학년에서 학생들은 '개척시대의 미국 서부지역'의 전설과 실재에 대해 질문을 한다)
남북전쟁	◆ 노예제에 대한 논란 ◆ Harriet Tubman, '지하철도(Underground Railroad)' ◆ Lincoln: '정직한 에이브' 이야기
20세기	◆ 민권운동 행진 ◆ Rosa Parks, Martin Luther King, Jr. ◆ 보이콧 ◆ 인간의 달 착륙
상징과 조형물	◆ 성조기 ◆ 미국정부(Uncle Sam) ◆ 자유의 여신상에 새겨진 "너의 지치고 힘든 …"이라는 시

교사의 역할

중핵지식 학급에서 교사는 중핵지식을 정의된 대로 가르치고 교수요목을 따라야 한다. 교사는 걸어다니는 정보은행이 되는 것이 아니라, 그들이 진정으로 교육과정의 교과에 흥미를 갖도록 기대된다. 이러한 흥미는 학생들이 학교에 배우고 싶어서 오는 것이라는 명확한 기대에서 그리고 교사의 학습과 모델링에서 분명히 나타난다. 확실히 교육과정은 내용 지식을 강조하지만, 교사의 역할이 준비된 목록에서 비롯된 단일 사실만을 가르치는 것이라고 생각하는 것은 오해이다. 직접 교수가 기대되지만 그것만이 아니다. 이상적으로 교사는 경험과 수업을 안내하고 제시하는 상호 작용의 역할을 맡는다. 그러나 교사들이 교과를 진지하게 여겨야 한다는 의미에서 학자가 되어야 한다는 사실을 피할 수는 없다. 학생들은 교사가 학문적인 지식을 중요하게 여기는 사람이라는 것을 알 필요가 있다.

평가

학생들의 학업과 진보는 매우 전통적인 용어로 평가된다. 시험, 평어 점수, 그리고 성취에 근거한 진급은 프로그램의 기본적 요소이다. 그러나 중핵지식 교육과정은 프로젝트, 활동, 수행 그리고 일화보고의 형식의 '참평가(authentic assessment)'를 위한 여지를 남긴다.

생각해 보기

본질주의 모델은 지식과 기능과 같은 평가하기 쉬운 교육과정의 측면에 많은 초점을 둔다. 어떤 사람들은 이런 단순한 초점이 본질주의 모델이 매우 성공적으로 되도록 하는 것이라고 주장할 것이다.

◆ 본질적 지식에 대한 표준화 시험이라는 현재의 논쟁에 대해 당신

은 어떻게 생각하는가? 당신이 살펴본 교육과정의 세 가지 '중심(centers)', 즉 학습자, 사회, 지식에 대해서 이야기해 보시오.

항존주의 패러다임

> 이제까지 살았던 세 명의 가장 위대한 형이상학자는 Platon, Aristoteles, St. Thomas Aquinas이다.
>
> *Etienne Gilson*

교육이 세 링에서 동시에 이루어지는 서커스라면, 항존주의는 가운데 링에서 찾아볼 수 없을 것이다. 항존주의는 희화화되지 말아야 하는 심각한 교육철학이라는 이유만으로 촌극의 지위로 전락되지는 않을 것이다. 오늘날 항존주의의 지위로 인해 교육과정에 대한 본질주의적 관점에 친숙한 일부 교육자들은 낯설지만 역사적 탁월함은 상당하다. 그러므로 여기서는 필자가 본질주의만큼 상세하게 설명하지는 않지만, 당신이 항존주의의 기본 신조에 친숙해질 수 있도록 충분한 지면을 할애할 것이다.

영원한(항존적인) 진리에 대한 연구가 고전연구에서 발견된다고 할지라도, 항존주의자들은 교육의 목적은 마음의 계발이라고 믿는다. 위대한 아이디어, 변치 않는 진리, 그리고 합리적 사고는 항존주의 교육과정의 초석이다. 항존주의는 식민지시대부터 19세기를 통해 미국의 교육을 지배했지만, 현 시대에 와서 등한시되었으며 본질주의 운동과 진보주의 운동으로 인해 쇠퇴하였다. 항존주의 교육철학은 고대 그리스, Platon과 Aristoteles의 저작, 중세의 Thomas Aquinas로 거슬러 올라간다. 사실상 항존주의 교육철학은 그리스와 기독교의 영향이 혼합된 것으로 수세기 동안 교육을 지배했지만 세속화시대가 가속되면서 밀려나게 되었다.

오늘날 가장 잘 알려진 항존주의 교육은 고등교육에서 나타나며, 그 사례가 학생들이 서구 문명의 위대한 사상가들의 작품을 공부하는 세인트 존즈 칼리지(St. Johns College: 메릴랜드 주의 애너폴리스와 뉴멕시코 주의 산타페 소재)이다. 학교 수준(K-12)에서 가장 잘 알려진 사례는 Mortimer Adler의 파이데이아(paideia) 교육과정으로 다음에서 구체적으로 살펴볼 것이다. 오늘날 항존주의 교육철학을 실천하고 있는 미국의 공립학교는 있다고 해도 찾아보기 힘들다. 학교 수준에서 항존주의가 명맥을 잇고 있는 곳이 있다면 그것은 소수의 사립학교들인데, 주로 기독교 계통 학교들이다.

항존주의 교육과정은 주로 문법, 논리학, 수사학, 작문, 역사, 수학, 외국어, 그리고 위대한 저서(Great Books)로 통칭되는 것으로 구성된다. 교육과정의 목적은 미덕, 행복, 용기, 의무, 명예, 자유, 책임, 시민성과 같은 항구적인 진리를 알도록 학생들을 교육하는 것이다. 이러한 교육은 읽기와 토론, 특히 소크라테스식 대화, 작문 그리고 합리적 논쟁에 대한 기초 학습을 통해 이루어진다. 이러한 의미에서 진정한 항존주의 교육과정은 설교적(didactic) 교수와 교사와 학생 간의 계속적인 대화가 결합된 것이다.

항존주의자들은 현대교육이 그 첫 번째 원칙인 항존적 아이디어를 놓치면서 붕괴된 것으로 이해한다. 항존주의자들에게 본질주의는 너무 실용적이고 절충적이어서 학생들을 교육하기보다 훈련시키는 것 이상으로 도움이 되지 못한다. 반면 진보주의자들은 항존주의자들이 문제라기보다는 해결책으로 보는 성인의 권위에 대해 매우 우려한다. 어린 시절에 미덕과 지혜 같은 품성적 특성에 힘을 쏟는 진보주의적 성향은 단지 순진할 뿐 아니라 위험한 인상을 준다. 항존주의 교육과정은 선택, 또는 간접적 수단, 활동을 위한 활동 또는 심지어 단순히 기초 기능의 하나라는 식의 교육과정이 아니다. 오히려 그것은 학생들이 모든 시대의 최고 지성인들의 사고에 친숙해지도록 설계된 교육과정이다.

아마도 오늘날 항존주의에 반대하는 가장 익숙한 주장은 엘리트주의, 비민주적 그리고 선택된 소수에 적합하다는 것일 것이다. Robert Maynard Hutchins의 말을 빌자면, 항존주의의 반론은 "가장 뛰어난 사람들을 위한 가장 좋은 교육이 모두를 위한 최고의 교육이다." 사실 대부분의 항존주의자들은 모든 학생들을 위한 똑같은 교수요목으로 이루어진 단선형 교육제도를 지지한다. 그들의 주장은 학생들이 고등교육, 직업 세계, 입대를 하든 상관없이, 평생학습자로서 계속 공부하도록 교육을 받을 자격이 있다는 것이다. 항존주의자들은 이러한 학교교육의 철학을 민주주의적 기관을 보존하고 향상시키는 사회의 최선의 희망으로 본다.

물론 모두가 동의하지는 않는다. Theodore Brameld(1955)는 항존주의를 민주주의에 대한 위협으로 간주하였다. 그는 "항존주의는 불건전할 뿐만 아니라 위험하며, 동시대의 인류가 처한 가장 절박한 의무인 민주주의의 부활이라는 우리의 주장을 위협한다."(p. 289)고 기술했다. Brameld는 항존주의 교육의 아이디어를 남용한 결과 "고매한 대중의 지도자들"의 귀족정치와 소수에 의한 권위의 남용과 부패가 증가할 것이라고 주장했다. 대부분의 본질주의자들과 진보주의자들은 항존주의를 진지하게 주목할 가치가 없는 과거의 교육적 잔재로 보는 경향이 있다.

본보기 7

Mortimer Adler의 파이데이아 교육과정: 항존주의

> 가르칠 수 없는 아이들이란 없다. 단지 그들을 가르치는 데 실패한 학부모와 교사와 학교가 있을 뿐이다.
>
> *Mortimer Adler*

Mortimer Adler는 학교교육에 관한 항존주의적 관점이 우리 사회에서 아동을 가장 공평하며 민주적인 방식으로 방법으로 교육하는 것이라고 생각한 철학자이자 교육자이다. Adler의 동료인 Robert Maynard Hutchins가 자주 인용하는 "가장 뛰어난 사람들을 위한 가장 좋은 교육이 모두를 위한 최고의 교육이다."라는 말은 모든 아동을 위한 도전적인 교과로 구성된 엄격한 학문교육과정을 의미한다. Adler에게 교육과정의 출처는 문명이 준 최상의 것으로 구체화된 위대한 아이디어에서 찾을 수 있다. 민주주의, 행복, 선과 악, 명예, 지혜, 시간과 공간, 그리고 시민과 같은 개념은 교육과정의 중핵이다. 이러한 아이디어는 Adler가 편집한 서구 세계의 위대한 고전 시리즈에 상세히 설명되어 있다. 일종의 평생 독서 계획으로 발전한 이 프로그램에서 독자는 Homer, Aristoteles, Platon, Shakespeare, Milton, Newton, Kant 등의 사상을 접한다.

Adler는 저서 『파이데이아 제안』(1982)에서 고전과 인문주의 교육에 근거한 학교 교육과정에 대한 자신의 아이디어를 제시했다. '파이데이아(paideia)' 라는 단어는 그리스어에서 유래하며 '아동의 양육' 을 의미한다. 그것은 교수학(pedagogy)과 소아과학(pediatrics)이라는 용어와 연관이 있다. 그가 이 책의 감사의 말에서 언급한 대로 "확장된 의미에서 파이데이아는 모든 인간이 갖춰야 하는 일반적인 학습을 뜻하는 라틴어의 'humanitas' 와 같은 의미이다. 이런 의미에서 파이데이아 교육과정은 학생들에게 일반교육과 자유교육을 제공하기 위해 설계되어 있다.

전국 파이데이아 센터를 관리하고 있는 Roberts와 Billings(1999)는 학교교육의 세 가지 목표는 학생들이 생계를 꾸려 나가며, 선량한 시민이 되고 풍요로운 삶을 영위해 나갈 수 있도록 준비해야 한다고 기술한다. 그들은 학교의 목적은 학생들에게 조직된 지식을 습득하고, 기능에 대한 습관을 형성하고, 마음의 성장을 경험할 수 있는 기회를 제공함으로써 이러한 것이 가능하도록 돕는 것이라고 말한다. 〈표 7-7〉의 파이데이아 원리에 대한 목록을 참고하라.

이것은 명백히 대단한 학문적 도전으로 단지 선택된 과정이거나 직업 훈련 또는 학생들의 능력에 따른 분류가 아니다. Adler는 거의 예외 없이 모든 학생들이 배우는 것이 가능하다고 믿었다. 그는 "실제로 아이들은 다양한 정도로 학습이 가능하다. 하지만 그 정도의 차이는 교육의 질과 같은 종류의 것이어야만 한다."(1982, p. 7)라고 진술한다. Adler는 직업 훈련과 특성화에 반대하지는 않지만 그런 것들은 K-12에 포함해서는 안 된다고 확신했다. 그런 것들은 나중에 해도 되고 또 그래야 한다.

파이데이아 교육과정은 교사와 학생들이 직접 수업과 전문 코칭과 세미나를 탐구하는 통합된 수업 단원으로 구성된다. 세 가지 양식의 활용 이면의 개념은 역사, 문학, 정치 등의 고전작품과 과학, 수학에서의 위대한 개념들, 그리고 강의, 읽기, 탐구, 토론, 수행, 예술적 표현,

〈표 7-7〉 파이데이아 원리

◆ 모든 아동은 배울 수 있다. ◆ 모든 아동은 같은 양이 아니라, 동일한 질의 학교교육을 받을 권리가 있다. ◆ 모든 아동에 대한 학교교육의 질은 가장 현명한 부모들이 아이들이 배우기 바라는 것들, 즉 모두를 위한 최고의 교육이어야 한다. ◆ 학교교육은 평생의 과정에서 일반적으로 교육받은 사람이 되는 데 가장 좋은 준비이며, 학교는 얼마나 그러한 준비를 가장 잘 제공하는지 여부로 판단된다. ◆ 학교교육은 모든 미국인들을 위해 다음의 세 가지 소명을 준비해야 한다. • 적절한 생계를 꾸리기 • 국가와 세계의 선량한 시민 되기 • 자신을 위한 풍요로운 삶 만들기 ◆ 진정한 학습의 일차적 원인은 이차적이고 협동적 원인으로 기능하는 교사의 도움으로 학습자 자신의 마음의 활동이다. ◆ 학교에서 일어나는 세 가지 유형의 교수는 교과에 대한 설교식 교수, 학습 기능을 기르는 코칭, 그리고 세미나 토론의 Socrates식 질문이다. ◆ 세 가지 유형의 교수는 잘 조직된 지식의 습득이어야 한다. 즉 언어와 수학을 사용하는 기능 습관의 형성, 그리고 기본적인 개념과 문제에 대한 마음의 이해에 대한 신장이 그러한 것이다. ◆ 학생들의 이러한 결과에 대한 성취는 단지 다른 학생들의 성취와 관련하지 않고 학생들의 역량을 평가해야 한다. ◆ 교장은 단순한 경영자가 아니라, 선도하는 교사로서 교육 공동체로서의 다른 교직원들과 학교를 계획, 개혁 그리고 재조직하는 데 협동적으로 참여해야 한다. ◆ 교장과 교직원은 학습에 능동적으로 참여해야 한다. ◆ 자신의 학습을 계속하고자 하는 욕망은 교직에 삶을 바치는 사람들의 일차적 동기가 되어야 한다.

〈표 7-8〉 균형 잡힌 파이데이아 교수법의 '세 가지 기둥'

	설교적 수업	코칭	세미나
강조	사실적 지식의 습득	지적 기능의 발달	개념과 가치에 대한 이해의 증진
교수	강의, 시연, 비디오와 읽기	모델링과 질문을 통한 가이던스	텍스트에 대한 개방적 질문으로 촉진된 협력적이고 지적인 대화
시간 균형	10~15%	60~70%	15~20%
평가	전통적인 단답식과 선다형 시험	흔히 체크리스트와 지시문을 활용한 수행과제와 프로젝트 과제	자기 스스로 확인한 목표, 토론, 쓰기를 포함한 세미나 전후의 도구와 과정

신체 활동과 건강, 문제 해결 등을 통한 교과의 개입에 근거한 중핵교육과정의 탐구를 통해 교육과정과 수업의 균형을 확보한다. 〈표 7-8〉의 Adler가 '학습의 세 가지 기둥' 이라고 부른 것을 참고하라. 그것은 수업, 코칭, 세미나이다.

파이데이아 학급

파이데이아 학급은 교수/학습에 대한 접근법 또는 Adler가 말하는 '기둥' 에 상호 연관적인 세 가지의 수업, 코칭, 세미나가 특징이다.

◆ 설교적 수업

표의 칼럼에서 첫 번째인 수업(instruction)은 교사 주도적 활동의 형태로 수행된다. 이것은 설교적 교수나 직접수업으로 강의,

발표, 시연이 포함된다. 교사가 공유하는 지식 외에도 언어, 문학, 예술, 과학, 수학, 역사, 지리와 사회과 교과서는 이러한 측면의 교육과정에서 중심적 존재이다. 이것은 전통적인 방법을 통해 습득된 지식 또는 획득된 지식으로서의 교육과정의 관점으로부터 교육된다.

◆ 코칭

두 번째 기법인 코칭은 관리된 실행과 활동을 통한 기능 개발을 포함한다. 기본적인 의미에서 코칭은 지식의 실제적인 적용을 포함한다. 교사의 전문적 지도하에서 학생들은 탐구, 문제 해결, 말하기, 듣기 그리고 비판에 참여하게 된다. '코칭' 이라는 용어의 사용에서 운동과의 유사성이 명확히 드러난다. 코치는 관찰하고 시범을 보이고 교정하고 조언하고 지원하며 육성한다. 그러나 그러한 수행을 해야 하는 당사자는 학생, 즉 운동선수이다. 흔히 협동학습과 동료 코칭은 이러한 접근법으로 통합된다. 코칭은 '수행함으로써 배우는' 형식인데, 파이데이아에 대한 비판자들이 흔히 간과하는 교육과정의 혁신적인 측면이다(〈표 7-8〉 참고).

◆ 세미나

파이데이아의 세 번째 기법은 읽기와 관련 연구에 근거한 공식적인 토론 집단을 보여 준다. 교사는 세미나를 이끌지만 질문자, 사고 유발자, 유인자의 역할을 수행해야 한다. 이것은 수업 시간이 아니다. 소크라테스식 질문법은 세미나의 성공에 있어서 핵심이다. 학생들은 자신들이 습득하고 비판적으로 검토한 지식에서 비롯된 주장을 활용하여 능동적으로 참여해야 한다. 세미나의 주제는 예술과 과학에서부터 인문학에 걸친 교육과정의 범위를 반영한다.

교사의 역할

파이데이아 교육과정에서 교사의 역할은 학습에 대한 *학자/주도자*라는 역할이다. 그들의 역할, 특히 학생들을 코칭하는 측면에서 "실습생들에게 둘러싸인 장인의 역할과 같은 것이어야 하며, 이러한 역할에서 교사는 학생들과 함께 공부하며 그들의 평균적인 노동의 최종 산물이 최상의 질이 되도록 그들의 기능을 완벽하게 하도록 돕는 것이다." (Roberts and Billings, 1999).

이것은 겉으로 보이는 것보다 훨씬 어렵다. 교사들은 많은 양의 지식을 아는 것과 학생들이 자신들의 지식을 개발하는 것 사이의 전략적 균형을 이루어야 한다. 다시 말하면 학교교육을 잘 받은 교사로 하여금 말하는 것이 가르치는 것이라고 생각하게 하며, 그리고 학교교육을 잘 받지 못한 교사는 아이들 스스로 학습하도록 허용한다고 생각하게 한다. 사실 이것은 파이데이아 교육과정이 널리 전파되지 못한 가장 큰 이유일 것이다. 교사는 교과에 대해서 많은 지식을 알고 있어야 하며, 전통적인 방법을 통해서 그 지식을 공유하도록 기대된다. 그러나 그 이상으로 세미나의 성공에 매우 필요한 단지 장인만이 제공할 수 있는 부류의 코칭을 통해, 그리고 전문가의 '별도의 지침' 을 통해야 한다.

학생의 역할

교사와 같이 학생들은 학문에 진지하게 몰두하도록 기대된다. 높은 학문적 기준이 분명히 존재한다. 학생들은 보통의 자유교육을 받도록 기대된다. 이것이 이 프로그램의 목표이다. 학생들은 심지어 중등 수준에서도 계열화되지 않는다. 오히려 그들은 직업코스도 없고 기본적으로 선택과목이 없는 자유교육을 받는다(때로 외국어만 선택할 수 있다). 그러나 학생들은 지식 이상의 것을 습득하도록 기대된다. 그리고 세미나식 접근법은 학생들로 하여금 활동적인 토론에 참여하고 사람들이 자신들의 생각을 민주적이고 개방적으로 표현하는 것이 허용될 때 드러나는 것을 주고받는다.

전교적 리더십

이 교육과정을 개발한 사람들이 지적하는 것처럼, 파이데이아 교육과정은 진지한 학문적 교수요목이다. 다시 말하면 자유교육이지 직업교육이 아니며, 계열화되지 않은 일반교육이며, 기술교육이 아닌 인문교육이다. 이러한 접근법은 "학교에서 진정으로 수석교사(principal teacher)이며 그리고 교직원들과 함께 일하고 그들의 교육 리더이며 단지 학교의 수석 행정 관리자가 아닌 교장"(Adler 1984, p. 7)을 필요로 한다.

이러한 것은 까다로운 요구다. 파이데이아는 교장으로 하여금 모델링, 교수, 그리고 학문적 수월성에 대한 비전을 분명하게 의사소통을 통해 프로그램을 옹호하는 교장을 모델로서 교장은 학자이어야 하며 다독하는 사람이며, 여러 아이디어에 대해 열성적이어야 한다. 교직원 회의는 지식의 성격에 관한 것이어야 하며, 학문적인 성장을 촉진하는 방법 그리고 이 프로그램의 운영 여부에 대한 것이어야 한다.

교장은 좋은 교수 모델이 되어야 한다. 교장은 교실에서 시간을 보내고 이따금 교사의 역할을 맡아야 한다. 이상적으로 교장은 모델링 방법으로 정기적으로 한 학급을 가르쳐야 하며 교직원 및 학생들과 계속해서 만나야 한다. 교장은 교사들처럼 수업, 코칭 그리고 세미나라는 세 가지 중요한 의무에 관여해야 한다.

여러 가지 면에서 교장의 역할은 대학의 수석 행정 관리자라기보다는 대학 학장의 역할에 더 가깝다. 물론 학교는 행정적인 리더십이 필요하지만 파이데이아는 단순히 그 이상의 리더를 필요로 한다. 파이데이아는 학식을 필요로 한다.

전국 파이데이아 센터

전국 파이데이아 센터는 노스캐롤라이나 주 그린스보로 소재 노스캐롤라이나 대학교에 있는데, 교육에 대한 파이데이아 접근법을 위한 정보센터와 자원센터로서 역할을 한다. 어떤 학교든 이 교육과정에 대한 활용 가능성을 타진하려면, 이 센터에서 지원과 자료, 교사 훈련과 평가를 위한 상담을 받는 것이 좋을 것이다.

생각해 보기

파이데이아 모델은 세 가지 유형의 경험에 대한 균형을 유지하도록 다음과 같이 권고한다. 설교적 수업은 20퍼센트를 넘지 않으며, 최소 20퍼센트는 세미나를 하고 약 60퍼센트는 설교적 수업을 활용하는 프로젝트 코칭을 한다.

- 이러한 균형에 대해 어떻게 생각하는가?
- 교육심리학에서 비롯된 어떤 이론이나 연구가 이러한 접근법을 지지하거나 반박하겠는가?

본보기 8

국제중등디플로마 프로그램:

범세계적 교육과정

> 왜 사람들은 대학에 입학하는가? 이상적인 세계에서 그들은 비판적 사고 능력을 개발하고, 기존 과학과 세계 문화의 현실에 기반을 둔 지식을 향상시키며, 타인의 의견과 배경의 다양성을 다루는 방법을 더 배우고, 일반적으로 더 좋은 시민이 되기 위해 입학할 것이다. 그들은 재미를 위해 또는 우정 아니면 인맥을 위해 입학할 것이다. 또 어떤 사람들은 정신적 고양이나 실용적인 기능을 연마하기 위해 입학할 것이다. 하지만 현실세계에서 그들 대부분은 돈을 벌기 위해 대학에 입학한다.
>
> *William A. Henry, III*

개관과 철학

국제학위인증기구(IBO)는 이 기구의 교육과정을 매우 동기 유발된 중등학교 학생들을 위해 시험으로 안내하는 엄격한 중등 교수요목'으로서 기술한다(www.ibo.org). 분명히 IBO 교육과정은 지식중심이며 학문 지향적인 교육과정으로 적격이다. 이 교육과정의 목적은 학생들로 하여금 대학생활의 학문적인 과제에 대비하게 하는 것이다. 아마도 우리는 IBO 교육과정이 계속해서 변화하는 세계에서 학생들에게 부과된 전 지구적인 사회적 요구를 고려하는 지식중심 교육과정이라는 데 동의할 것이다. 분명히 여러 문화적 배경을 가진 학생들 간의 국제 이해를 증진시킨다는 진술된 목표에는 모종의 사회중심에 대한 강조를 언급하고 있지만, 그것은 분명히 학문적인 대학교 예비 교육과정이다.

스위스의 제네바에 본부를 둔 비영리 교육 재단인 IBO는 전 세계의 학생들에게 16세에서 19세의 고등학교 과정의 마지막 2년 동안 적용되는 디플로마 프로그램(Diploma Programme)과 11세에서 16세까지의 중등과정 프로그램(Middle Years Programme)과 3세에서 12세의 학생들에게 초등과정 프로그램(Primary Years Programme)을 제공하기 위해 설립되었다. IBO는 110개국의 1,300개의 학교에서 이 프로그램을 가르치도록 인증하였다(참고로 최근에 한국에서는 경기외국어고등학교가 최초로 인증을 받았으며, 현재 137개국 2,200여 개 고등학교가 IPDP 인증을 받았다 – 역주).

1968년(실질적 운영은 1970년부터이다)을 시작으로 국제중등디플로마 프로그램은 국제학교에 다니는 학생들의 교육적 요구에 부응하기 위해 설계되었다. 이러한 아이디어는 국가교육과정의 전문적 관리와 외부인들이 가지고 있는 좀 더 폭넓은 관심사 간의 타협을 보여 주는 교육과정을 개발하는 것이었다. 전 세계적으로 통용되는 표준 고등학교 교육과정을 설정하는 것이 점증하는 다국적 기업과 유동적인 가족의 시대에 납득이 가게 되었다. 이 프로그램의 개발을 지배하는 세 가지 원리는 다음과 같다.

1. 계속 학습을 위해 필요한 기초 지식과 비판적 사고 기능을 활용하는 광범위한 일반교육에 대한 요구
2. 국제 이해의 증진에 대한 중요성
3. 공부할 교과 선택의 융통성에 대한 요구

『국경에 걸친 학교들(Schools Across Frontiers)』(2003)의 저자이자 설립자 중의 한 사람인 Alec Peterson은 내용보다 과정을 확실히 강조하였다. Whitehead처럼 그도 일반적인 교육의 목표는 지식의 습득이

아니라 일반적인 마음의 힘을 개발하는 것이라고 믿었다. 다음은 현재 IBO 프로그램의 독특한 전반적인 목표를 상세히 나열하고 있다.

- 세계의 어느 곳에서나 고등교육기관에 입학하기 위해 국제적으로 인정된 자격을 제공한다.
- 국제 이해를 증진한다.
- 지적 · 개인적 · 정서적 · 사회적 성장을 강조하는 전인을 교육한다.
- 탐구와 사고 기능을 개발하고 행동을 비판적으로 평가하고 반성하는 능력을 개발한다.

디플로마 프로그램의 교육과정 모델

오늘날 교육과정은 중핵을 둘러싼 6가지 학문 분야인 6각형 모델로 대변된다. 학생들은 6개 교과군으로부터 선택된 6개 교과를 동시에 2년 동안 그리고 이 프로그램의 중핵 요소를 배운다(지식이론; 장문 에세이; 창의성, 활동, 봉사). 이것은 IBO 프로그램 모델에서 예시하고 있다([그림 7-1] 참고).

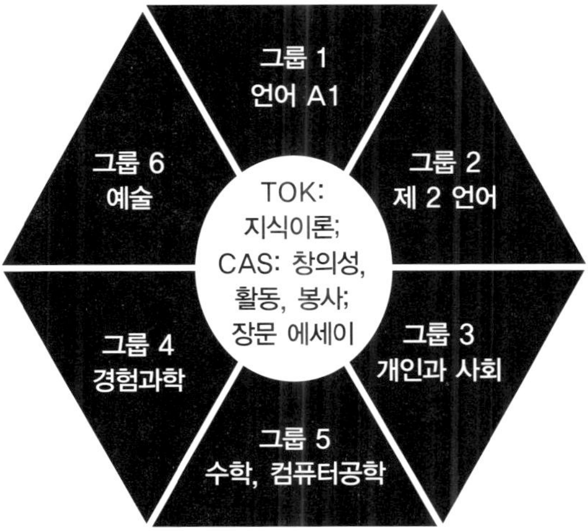

[그림 7-1] 국제중등디플로마 프로그램 모델

교과 선택

여섯 가지의 교과군은 교육과정의 모든 교과 영역을 포함하는 주요 학습 영역을 보여 준다. 적어도 세 가지 그리고 여섯 가지 중의 네 가지 내에서 고급 레벨(HL)에서 선택해야 하며, 다른 것은 보통 레벨(SL)에서 선택해야 한다. HL 코스는 240시간의 수업 시간에 해당되며, 교과의 광범위한 내용 범위를 포함하는 더 깊은 수준의 공부가 요구된다. SL 코스는 150시간을 필요로 하며, 전 디플로마 프로그램을 포함하는 범위의 공부가 제공된다. 이 모델에서 학생들은 2년 동안 일부 교과는 훨씬 폭넓게 공부하고 어떤 교과는 철저하게 탐구할 수 있다. 대부분의 교과는 HL과 SL 모두에서 선택할 수 있으며 영어, 프랑스어, 또는 스페인어로 수업하고 평가한다.

- 그룹 1. 언어 A1: 제1 언어로 세계 문학 선집에 대한 공부를 포함한다. 45가지 언어가 정식으로 개설되어 있으며 그 외 언어는 요청하면 선택이 가능하다.
- 그룹 2. 언어 A2, B, 초급(*ab initio*): 제2 현대 언어 코스로 숙달 정도에 따라 레벨이 다양하며 고전어도 개설된다.
- 그룹 3. 개인과 사회: 역사, 지리, 경제, 철학, 심리학, 사회인류학과 문화인류학, 경영학, 전 지구적 사회에서의 정보공학(SL 코스에만 있음), 이슬람사
- 그룹 4. 실험과학: 생물, 화학, 물리학, 환경 시스템(SL 코스에만 있음), 디자인공학
- 그룹 5. 수학과 컴퓨터공학: 수학(HL 코스에만 있음), 수리(SL 코스에만 있음), 수학연구(SL 코스에만 있음), 고급수학(SL 코스에만 있음), 컴퓨터공학(선택임)
- 그룹 6. 예술: 시각예술, 음악, 무대예술

〈표 7-9〉는 그룹 1의 언어 A1 코스의 영어 교수요목의 한 예이다. 이것은 11학년과 12학년 이전의 섬머 리딩을 포함하는 2년간의 계열을 위해 설계된다.

〈표 7-9〉 IBO 교육과정의 단원 주제의 예(사회적 책임)

A1 영어 교수요목 (2003~2005) *IBO 주제: 사회의 도덕적 책임*				
학년	1부 작품: 세계 문학	2부 작품: 구체적 연구	3부 작품: 장르연구(시)	4부 작품: (학교 선택)
11학년 이전 여름	어느 세일즈맨의 죽음 (Arthur Miller)			
11학년		• 오이디푸스 • 신곡 • 카라마조프가의 형제들	• Ovid의 변신 이야기	• 해는 또다시 떠오른다 (Ernest Hemingway)
12학년 이전 여름				• 그들이 가지고 다닌 것들 (Tim O' Brien)
12학년		• Annie Dillard의 수필선 • 햄릿 • Ezra Pound의 시선(詩選) • Joyce의 더블린 사람들	• Frost의 시선(詩選) • Eliot의 시선(詩選) • Keats의 시선(詩選)	• 일리아드

IBO 프로그램의 중핵

[그림 7-1]에 예시한 것처럼 모델의 중핵은 지식이론(TOK)과 장문 에세이 그리고 창의성, 활동, 봉사(CAS)로 이루어져 있다.

간학문적 지식이론 코스는 모든 학문에 걸쳐 지식의 성격을 탐구하고 다른 문화의 관점을 판단하도록 장려함으로써 일관성을 제공하기 위해 설계된다. 4천 자 이내로 규정된 장문 에세이는 개인적으로 흥미있는 토픽을 탐구하고, 학생들의 독자적 조사, 대학 수준의 쓰기 기능을 숙지할 수 있는 기회를 제공한다. 학교의 CAS 프로그램에 참여함으로써 학생들에게 예술적인 추구와 스포츠 그리고 지역사회에 대한 봉사활동에 참여하도록 장려하며, 따라서 그들이 학문 영역 외의 삶에 대해서도 인지하고 판단하도록 촉진한다.

지식이론

지식이론(TOK)은 학생과 교사가 지식의 여러 영역과 다양한 앎의 양식에 관해 비판적으로 반성하는 기회를 제공한다. 이것을 위하여 지식이론은 거의 모든 질문으로 이루어져 있다. 대부분의 질문의 중심에는 "우리는 어떻게 아는가?"라는 것이 있다. 6각형을 둘러싸고 있는 모형의 모든 과목은 학생들이 자신들 이외의 다른 문화와 태도에 관한 판단과 이해를 조장하는 것이 목적이다. 그러나 이런 점에서 지식이론은 특별한 역할을 한다. 학생들이 궁극적으로 선입관을 갖고 있든 수정하든 거절하든 상관없이 개인적 편견과 이데올로기적인 선입관을 포함해 지식의 *해석적 성격*에 대해 알아야 한다는 것이 지식이론의 진술된 목표이다. 또한 지식이론은 학생들의 디플로마 프로그램에서 일관성을 제공하는 중요한 역할을 한다. 지식이론에서 지식의 성격에 대한 탐구는 교과를 초월하고 연결시키며, 학생들이 지식을 인식과 진실성을 가지고 적용할 수 있는 방법을 증명시키게 한다.

장문 에세이

장문 에세이는 독립적이고 자기주도적인 연구의 일부이며, 4천 자 이내로 쓰는 것이 필수 요소이다. 적절한 연구 문제의 선택으로부터 최종 4천 자 이내의 에세이 완성까지 학생들은 시간제한과 에세이의 길이 그리고 가능한 자료를 가지고 에세이를 완성해야 한다. 이러한 요소는 학생들이 선택한 교과에서 흥미 있는 토픽에 대한 심층적 연구에 참여하는 기회를 제공한다. 연구과정과 적절한 연구 문제에 대한 명확한 설명과 토픽 탐구에 대한 개인적 참여, 그리고 아이디어의 의사소통과 논쟁의 개발이 강조된다. 학생들은 연구와 쓰기를 통해 지도교사의 충고 및 안내와 더불어 지원과 격려를 받는다.

창의성, 활동, 봉사(CAS)

창의성, 활동, 봉사는 경험학습과 학습에 대한 반성을 위한 틀이다. CAS는 학생들이 자신감과 공감 그리고 다른 사람들을 기꺼이 돕고자 하는 자발성을 개발하는 경험을 제공하려고 의도되었다. IBO의 전인적 교육 목적은 CAS를 통한 실제적이며, 분명하게 활성화된다. CAS의 세 가지 요소는 상호 강화된다. 이들 요소는 함께 학생들이 생활과 그들 자신 그리고 다른 사람들에 대해서 배우고 자신감, 결단 그리고 헌신을 고무하는 수많은 기회가 있다는 것을 깨닫게 해 준다. 창의적이고 육체적인 활동은 특히 십대 청소년들에게 중요하고, 이러한 활동은 젊은이들이 스트레스를 받는 불확실한 시기에 참여와 즐거움을 위한 많은 여러 가지 좋은 상황을 제공한다. CAS의 봉사 요소는 아마 그 세 가지 중 가장 중요한데, 즉 타인 존중, 책임감, 공감의 증진이라는 측면에서 그렇다.

교사의 역할

IBO 교육과정은 해당 학교 밖에서 관리되기 때문에 졸업장은 IBO가 수여한다. 그래서 교사들은 평가 기준과 IBO의 목적 그리고 주어진 학습 영역의 목표를 이해하는 것이 매우 중요하다. IBO를 더 이해하기 원하는 교사들의 요구에 부응하기 위해 교사 워크숍이 전 세계에서 여름방학과 단기 방학 동안 이루어지고 있다. 예컨대 A1 영어 같이 교사들은 자신들의 분야에 등록하고 일반적으로 경험 있는 시험관이나 IBO 교사들이 진행하는 1주일짜리 훈련 워크숍에 참석한다. 워크숍을 성공적으로 마치면 참가자들은 수료증을 받는다.

주목할 만한 흥미로운 점은 IBO가 외부에서 관리하는 평가에서 개인적 반응에 대한 후보자의 성과에 포상을 한다는 것이다. 이렇게 하는 것은 교사들이 토픽을 다루는 모형을 가르치는 데 있어 자유롭게 하도록 하거나 또는 시험을 위한 교육으로부터 자유롭게 하려는 시도이다. 왜냐하면 한 관리자가 주어진 학교의 시험지를 채점하면 그 답안들이 너무 획일적인지 여부를 매우 쉽게 결정할 수 있기 때문이다. 만약 그렇다면 학생들은 개인적인 반응의 부족으로 낮은 점수를 받게 된다.

IBO 프로그램은 후보자들로부터 높은 수준의 자기 동기 부여를 요구한다. 많은 졸업장 관련 요구사항은 학급 교사의 일반적인 안내로 학교 외부에서 성취되어야 한다. 간단히 말해서 교사의 역할은 IBO에 의해 요구되는 평가 후보자를 준비시키는 것이다. 교사는 학생이 각 평가의 성격을 이해하고 평가의 채점 기준을 이해하도록 도와야 한다. 때로 이것은 강의나 직접적인 지시의 형식을 통해 정보를 설명하고 전달하는 것을 의미한다. 그러나 더 중요한 것은 교사가 학생들로 하여금 다양한 IBO의 평가를 수행하는 데 필요한 사고 기능을 개발하도록 도와주어야 한다.

평가

2년 동안의 프로그램을 통해 IBO 후보자들은 몇 가지 평가 활동을 수행하게 된다. 이러한 평가는 내부 평가와 외부 평가로 나눈다.

◆ *외부 평가*

이러한 평가에는 외부의 IBO 시험관들이 채점하는 활동이 포함되는데, 대부분이 흔히 70퍼센트 정도가 수험자들의 전반적인 강좌 점수로 이루어진다. 이러한 평가를 위해 학급 교사의 역할은 학생들이 시험에 준비하도록 하고, 프로젝트의 주제 선정을 안내하는 것이지 그들의 성적을 매기는 것이 아니다. 가장 중요한 외부 평가는 보통 강좌 마지막에 치르는 두 가지의 필기시험이다. 이 평가는 교과에 따라 다르지만 보통 질문에 대해 구술과 필기시험 또는 90분에서 3시간이 소요되는 장편 에세이가 포함된다.

그러나 일부 강좌는 수험자들이 IBO 시험관들에 의해 외부 평가를 위한 프로젝트를 완수하도록 요구한다. 그러한 프로젝트에는 에세이, 시각 예술 노트북, 또는 문학작품에 대한 창의적 글쓰기가 포함된다. 보통 그러한 프로젝트는 학생들에 의해 개별적으로 완성하도록 기대되며, 최소한의 지도를 학급 교사로부터 받는다. 그리고 수업시간이 이러한 평가에 소요된다면 약간의 교사의 지도가 있을 수 있다.

- *내부 평가*

  참가자들의 학업 대부분이 외부 시험관들에 의해서 채점되는 반면, 학생들의 점수 중 최소 20퍼센트 정도는 학급 교사에 의해서 채점되는 내부 평가 활동에서 비롯된다. 흔히 이러한 활동은 학급 발표나 공식적 강의, 드라마 공연, 역할극, 실험실 실험, 문학작품의 한 구절에 대한 구두 논평, 외국어 구두시험을 포함한다.

- *관리*

  IBO는 110개국 출신의 학생들의 성적을 평가해야 하기 때문에, 학급 교사와 IBO 시험관들 간에 채점 업무의 일관성을 유지하는 시스템을 개발하였다. 관리는 두 가지 수준에서 이루어진다. 어떤 내부 평가는 학생들의 최종 점수를 수정할 수 있는 IBO 시험관들에 의해 다시 채점된다. 마찬가지로 IBO 시험관 자신들도 반드시 좀 더 경험이 많은 시험관이 재채점하기 위한 샘플을 제출해야 한다. 이러한 구조는 학생들의 학업에 대한 신중한 평가와 IBO의 채점 준거에 대한 엄밀한 적용을 장려한다.

- *준거 기반 채점 제도*

  IBO는 규준기반평가(상대평가) 채점제도 보다는 준거기반평가(절대평가)를 활용한다.

환경

IBO 교육과정이 실행되는 환경은 HL 과정의 학급에서의 교실 수업이 최소 240시간과 SL 과정의 150시간을 요구하는 모든 면에서 형식적이다. 물론 이러한 시간은 2년 동안 확대된다. CAS 요구사항만 형식적이지 않으며 2년 동안 주당 3~4시간 정도로 이루어진다(대략 200시간 정도).

학급 환경이 개인의 교수 스타일에 따라 다름에도 불구하고, IBO 프로그램의 엄격한 성격은 학급 환경의 형식적인 측면을 더 장려한다. 학생들은 단지 사실을 암기하는 것뿐만 아니라, 정보, 비판적 · 독창적 사고, 배운 내용에 대한 관련된 개인적 반응에 대한 종합을 보여 주어야 한다. 많은 코스에서 학급 토론은 학생들이 학기말 시험에서 대하게 될 질문에 사려 깊게 반응하도록 준비하는 수단으로서 강의만큼 중요하다. 이러한 이유로 토론은 형식적으로 유지되며 학생들에게 자신들의 생각을 분명하고 정확하게 말하도록 연습을 장려한다.

생각해 보기

◆ 당신이 IBO 학교에 다니지 않았다고 가정하고, 그 학교에서의 경험이 어떠했으며, 그러한 경험이 당신이 경험한 고등학교 교육과 비교해서 어떻게 다른지 생각해 보시오.

요약

Bruner, Hirsch, Eisner, Adler의 아이디어에 대한 우리의 조사에서 지식중심 교육과정은 단지 강의와 교과서, 지필시험과 점수가 아니라는 것이 분명하다. 가장 단순한 수준에서조차도 그런 식이 되어서는 안 된다. 그러나 목적은 분명하다. 즉 다르게 기술된다고 해도 정전을 배우고 자유교육을 습득하는 것이다. Bruner는 발견, 탐구, 집단 조사, 또한 작동적 · 영상적 · 상징적 학습을 포함하는 균형 잡힌 접근법을 옹호한다. Adler는 설교적 방법, 코칭, 장학된 실제, 토론과 프로젝트에 능동적인 참여를 활용하는 교육과정을 옹호하였다. Hirsch 또한 그의 중핵지식 교육과정이 아마 오늘날의 학교 수업의 반 이상을 차지하지 말아야 한다고까지 말하면서 균형을 주장한다.

지식중심 교육과정은 학생들이 성인 생활을 위한 토대로서 자신들의 세계에 대한 지식을 습득하도록 기대되는 학문적 교육과정이다. 그러한 주장은 어떤 것은 반드시 배워야 하며, 그렇지 않으면 전혀 배울 수 없는 생활의 중요한 단계가 본질적으로 존재한다는 것이다. 아동기와 청소년기는 엄청난 학습 잠재성의 시기이며, 이 시기는 교육과정을 저급화(dumbing down)함으로써 허비하지 말아야 한다. 학문은 교육과정의 중핵을 대표하며, 학생들이 유치원부터 12학년까지 받는 교육은 단순히 대학을 가기 위한 공부가 아닌 일반적인 생활을 준비하기 위해 충분한 폭과 깊이가 있고 수준이 높은 자유교육이어야 한다. 이것은 지식중심 옹호자의 세계관이다. 이것은 학습을 위한 학습에 가치를 두는 자유롭게 교육받은 사람의 세계관이며, 직업을 갖거나 시험을 통과하기 위한 수단이 아니다. Bruner(1995)가 말한 것처럼 "세상의 모든 기준은 도움의 손길처럼 세계 시장에서 경쟁자로서의 생존이 아닌 살 만한 가치가 있고 충성하는 국민으로서 우리의 다문화 사회와 위협받는 사회를 다시 활기차게 만든다는 목표를 달성하지 못할 것이다."

제 8 장

맺음말

Ann Hulbert는 그녀의 통찰력 있는 저서 『미국의 자녀 양육: 전문가, 부모, 그리고 자녀 양육에 대한 100년간의 충고(Raising America: Experts, Parents, and a Century of Advice about Children)』(2003)에서, 20세기를 통해 '엄격한' 자녀 양육(부모중심적)과 '유연한' 자녀 양육(아동중심적) 사이에 항상 긴장이 존재했다고 말한다. 아동중심의 자녀양육을 주장하는 Margaret Mead나 Benjamin Spock이 있었다면, 항상 부모중심의 자녀 양육을 주장하는 John Watson이나 James Dobson이 있었다. 논쟁의 기본은 부모들이 좀 더 "자연스럽고/느긋한" 방식으로 자녀를 양육하거나, 아니면 '지시적이고/간섭적'으로 자녀를 양육하는 문제인 것이다. 전문가들이 자녀 양육에 대해 분명하게 동의하지 않을 때에 부모들은 어떤 의견을 갖는가? 전문가들이 교육과정의 적절성에 대해 분명하게 동의하지 않을 때 교육자들은 어떤 의견을 갖는가? 이 책의 목적은 다양한 이론과 모델 그리고 교육과정의 본보기를 조사하는 것이다. 조사를 통해 우리는 교육과정의 타당성에 대해 의심을 하는 사람들에게 다양한 범위의 의견이 존재한다는 것을 분명히 설명하였다. 이러한 가능성은 유한하겠지만, 실제로 학교의 목적에 대한 근본적인 의문을 제기하며 상당한 정도의 범위를 다룬다. 우리는 전통적인 것부터 실험적인 것까지의 연속선을 따라 확대되는 가능성을 생각해 볼 수 있다. 그러나 그러한 지적은 통관항으로서의 역할 정도에 지나지 않는다. 미리 계획되고 성인 주도의 교수요목과 부합하는 모든 전통적 교육과정의 형식은 학생 자신들이 시간을 어떻게 가장 효과적으로 소비해야 하는지에 관해서 그 자체가 다양하다. 그리고 여러 실험적인 형식은 개인과 집단 간에 대한 강조를 어디에 두며, 두드러진 교육과정의 목표가 자아실현 또는 사회 변화인지, 심지어 교육과정이 존재하느냐는 정도까지에 따라 근본적으로 다양하다. 지식이 모든 교육과정의 핵심에 있지만, Herbert Spencer의 "어떤 지식이 가장 가치 있는가" 라는 질문이 논점인 것이다. 역사, 수학, 그리고 문학에 대한 지식은 자기와 타자에 대한 지식과는 별개이다. 학생이 무엇을 배워야 하는지를 누가 결정하는가? 양식 있는 성인들이 학습 경험을 계획하고 운영하는 것이 최선인가? 또는 학생들이 무엇을 학습할지를 결정해야 하는가? 결국 학습자들보다 누가 더 잘 알겠는가? 학생들이 학창 시절 동안 체계적으로 계획된 범위와 계열을 다루지 않는다면 어느 시기에 불이익을 보지는 않을까? 이러한 질문은 각 개인의 교육적 적절성에 따라 다른 대답을 필요로 할 것이다. 결국 완전한 학생의 흥미와 미리 계획된 교육과정 사이에 어느 정도의 조정이 가능한가? 우리는 모든 가능한 세계 중에서 최고의 것을 가질 수 있을까? 학습자, 사회, 학문적 지식 사이에 적절한 균형을 이루는 교육과정은 어떤 모습일까?

만약 우리가 인식하는 것을 인식하는 데는 세 가지 방법이 있다는 이 논의의 목적에 대해 동의할 수 있다면 그것은 다음과 같다. 습득된 지식, 발견된 지식, 그리고 구성된 지식이 그러한 것이다. 그렇다면 우리는 어느 정도에서 이 세 가지 지식이 적절히 융합되었다고 동의할 수 있을까? 습득된 지식은 교과서와 교사 등에 의해서 경청한 결과로서 얻은 지식이다. 발견된 지식은 스스로 발견한 것이다. 구성된 지식은 학습자가 개념에 대한 의미를 만들 때 생기는 지식이다. 만약 지식이 주로 학습자에 의해 습득된다면 교사의 역할은 무엇인가? 또는 지식이 주로 학습자에 의한 개인적 · 사회적 구성의 문제라면 학생과 교사에게 기대되는 것은 무엇인가? 만약 발견된 지식이 발견자에 의해 더 많은 '소유' 로 연결되는 것이라면 교육과정은 어느 정도까지 발견지향적이어야 하는가? 물론 이러한 문제는 교육과정이 학습자의 흥미, 사회변화, 또는 학문적 지식 중 어느 것에 더 중점을 두느냐만큼 중요하다.

만약 우리가 학교의 일상생활에서 도움이 되는 세 가지 관심이 있다는 데 동의한다면 기술적 · 실용적 · 반성적인 관심이 그러한 것이다. 그렇다면 얼마만큼이 적절한 균형일까? 기술적 관심은 미리 계획되고, 교사주도적인 기본적 기능 접근법을 주장한다. 실용적 관심은 학생들이 함께 작업하고 주위를 돌아다니며 자신들이 하고 있는 것과 프로젝트법을 활용하는 것에 대해 서로 이야기한다. 반성적 관심은 교사와 학생들이 정직하게 정의, 진실, 아름다움 그리고 경험의 관련성에 대해 평가하고 학생들에게 발언권과 권한 부여를 제공하는 것을 주장한다. 교실의 생활 속에서 이런 관심 중 하나가 주류가 되고 나머지를 차단한다면 어떤 일이 일어날까? 각각의 관심은 그것의 중요성에 있어서 전략적이지만, 균형이 이루어지지 않는다면 학교에서의 경험은 현저하게 줄어들 것이다.

고대에 학교는 현실세계로부터 동떨어진 장소로서 출범하였다. 이러한 생각은 현실세계에 대한 강조가 이미 존재하는 것의 반복으로 귀착되기 때문에 학교는 의도적으로 현실세계에 관여하지 않았다. 이론과 실제라는 이분법은 새로운 것이 아니다. 형식적 교육이 아닌 현실세계에 대한 학습을 요구하는 사람들을 위한 해결책으로 고대인들은 도제교육을 생각해 냈다. 지식의 미개척지를 탐구할 능력이 있고 그것에 관심 있는 사람들은 추상적이고 이론에 의존하는 학교 환경에서 형편이 좋았다. 학교가 추상적이고 실용적인 경험을 모두 제공해야 한다는 개념은 주로 20세기의 전통이다.

우리는 20세기부터 현재까지 교육과정의 문제가 학생이 '생활 기능'을 익히는 데 거의 도움을 주지 못했으며, 너무 추상적이고 인위적이라고 들어 왔고 읽어 왔다. 최근 필자는 (학생들이 어느 정도로 학문적 기준을 충족하는지를 결정하기 위해 학생들을 테스트하는 중요한 이유로서) 어느 주의 교육감이 우리가 실제로 어떤 기능이 미래의 직업 경쟁에서 필요한지 모르고 있다고 말하는 것을 들었다. 이 주장은 지식을 위한 지식이라는 주장이 결코 아니다. 또는 학생들의 흥미나

사회적 행동주의라는 주장도 아니다. 그것은 사실 교육과정 결정자로서의 사회적 효율성에 대한 주장이다. 보통 어떤 본질주의자들이 미래의 미지의 직업을 위한 최고의 준비로서 과학과 수학을 강조할 때 현실세계가 거론된다. 사람들이 교육과정은 현실세계와 관련성이 있어야 한다고 말할 때 여러 가지 다른 의미를 갖는다. 교육과정의 기초적 핵심 목표는 어떤 것이 되어야 하는가? 이러한 주장은 자아실현(학습자중심적), 시민성 또는 직업(사회중심적이지만 다른 가시적 목적을 갖는), 그리고 지식을 위한 지식(지식중심적)과 궤를 같이하는 경향이 있다. 명확하게 우리가 조사했던 모델 중 그 어떤 것도 이러한 설명과 완벽하게 맞아떨어지지 않는다. 결국 모든 것은 목표의 구조에 대한 조합이다. 반면에 어떤 학교와 어떤 교실을 방문하든 통찰력 있는 관찰자는 우선순위에 대한 명확한 실마리를 찾을 것이다. 불가피하게 우선순위에는 특정 중요성의 순서가 주어지며, 이러한 순서는 학생들과 교사들이 학교에서 하루를 어떻게 보내느냐에서 분명하다.

학생들이 무엇을 공부하며 자신들이 공부하는 것을 선택하는지 여부에 상관없이, 학생들과 우리는 학생들이 무엇을 학습하고 있는지 아는가? 오늘날 인기 있는 한 가지 해결책은 학생 모두를 테스트하는 것이다. 그 해결책은 표준화검사가 지식뿐만 아니라 사고력을 테스트한다고 주장하는 것과 상관없이, 이 검사는 의미 있는 학생들의 학습에 대해 이야기해 줄 수 있는 것이 거의 없다고 주장하는 사람들에 의해 비난받는다. 또 다른 관점은 진정으로 의미 있는 평가는 자기평가라는 점이다. 학습자들은 자신들이 배우는 것에 대해 생각하고 행동해야 하며, 자신들이 아는 것에 대해 다른 사람이 주도하는 평가에 종속되지 말아야 한다. 그러나 우리는 학생들이 무엇을 배울지를 결정하며, 우리는 여전히 그들이 배우는 것이 무엇이든지 가치가 있는지에 대해 고려해야 하는 짐을 떠안고 있다.

우리는 "교육과정에 대한 접근법 중의 하나가 더 나은 학습을 야기하지 않을까? 학생들은 모종의 교육과정을 강조하는 제도에서 공부하면 더 많이 학습하지 않을까?" 라고 질문하려는 충동을 느낀다. 이러한 질문은 두 가지 이유 때문에 답변하기 어렵다. 첫 번째 질문은 '학생들이 무엇에 대해 더 많이 배우는가?' 이다. 학생중심 교육과정은 아마도 자신들의 선택에 대해 더 많은 권한의식을 느끼는 학생들을 배출할 것이다. 사회중심 교육과정은 학생들에게 좀 더 많은 사회 참여를 장려하고 그러한 결과를 가져올 것이다. 지식중심 교육과정은 더 많은 학문적 지식을 가진 학생들을 배출할 것이다. 그러나 바로 이러한 것이 가장 잘 들어맞는 추측이다. 각 관점의 옹호자들이 다른 관점을 풍자 형태로 묘사하는 것이 전혀 이례적이지 않다. 그러므로 우리는 지식중심 접근법을 사실, 사실, 사실로서 묘사하며, 사회중심 접근법은 본래 반권위주의적이고 반항적으로 묘사한다. 그리고 학생중심 접근법은 절망적으로 낭만적이다. 그러한 유혹은 결코 주장을 더 진전시키지 못한다.

두 번째 질문은 "그것이 어떻게 배열되어 있더라도 어느 학교 교육과정이 성취, 태도, 시민성, 자아실현에 대해 측정할 수 있는 장기적인 차이를 산출하는 데 있어 다른 교육과정보다 어느 정도 나은가?" 라는 것이다. 그것은 말하기 어렵다. 왜냐하면 교육과정은 단지 학습 결과에 원인이 되는 수많은 변인 중의 하나이기 때문이다. 찬사를 받는 1930년대의 8년 연구는 진보주의를 표방하는 학교에 다녔던 학생들이 전통주의를 표방하는 학교에 다녔던 학생들만큼 대학 공부를 위한 준비가 되어 있다는 것을 보여 주었다. 좀 더 비판적인 사람이라면 사회경제적 지위의 차이와 비교해서 어떤 접근법도 영향을 주지 못한다고 말할 수도 있다. 실제로 주어진 학생의 생활에서 작용하는 너무 많은 혼란스러운 변인이 존재하는데, 이러한 것이 학생의 공식적 교육과 학습자로서 성공하는 능력에 대한 많은 기여를 찾아내는 것을 불가능하게 한다.

세 번째 질문은 "어떤 특정 교육과정이 다른 교육과정에 비해 만족스러운 경험을 가져오는가?" 이다. 어떤 교육과정도 교사가 아동을 사랑하게 할 수 없다. 경험의 속성으로부터 유리된 어떤 교육과정도 다른 교육과정보다 더 동기 유발적이거나 자극적이지 못하다. 교육과정이 전달하는 정직, 친절 그리고 존엄과 유리된 어떤 교육과정도 다른 교육과정보다 더 도덕적으로 고양하지 못한다. 아마 그 교육과정이 어떻게 살아 있느냐라는 인간적인 요소로부터 유리되어 평가할 수 있는 교육과정은 없을 것이다. 심리학자인 Bruno Bettelheim이 상식이 학교 환경에서 종사하는 사람들에게 가장 필요한 특성이라고 말한 것은 옳을지도 모른다. 마지막으로 우리는 연방정부와 주정부의 통제를 의심하고, 세계의 다른 어떤 제도보다 더 지방의 권위에 기득권이 부여된 탈중심화된 미국의 교육제도와 타협해야 한다. 그러므로 우리는 그러한 일련의 교육과정의 타당성과 접할 때 놀라지 말아야 한다. 이 책에서 볼 수 있는 본보기는 서로 다르다. 그리고 그러한 것은 단지 발견되는 실례일 뿐이다. 당신이 이 책을 읽고 있을 때 젊은이들을 위한 또 다른 이상적인 교육과정에 대해 꿈꾸는 사람들이 어딘가에서 만나고 있을 것이라는 것은 의심의 여지가 없다.

참고문헌

Adler, M. (1984). *The Paideia program: An educational syllabus.* New York: Macmillan.

Adler, M. (1982). *The Paideia proposal.* New York: Macmillan.

Aiken, W. (1942). *The story of the eight year study.* New York: Harper and Brothers.

Alexander, W. (1968). Shaping curriculum: Blueprint for a new school. In U. Unruh & R. Leeper (Eds.), *Influence in curriculum change: Papers from a conference sponsored by the ASCD Commission on Current Curriculum Developments,* December 1966 (pp. 3-12). Washington, DC: Association for Supervision and Curriculum Development, NBA.

American Association of School Administrators. AASA.org.

Anderson, L. (1981). Introduction to instruction and curriculum development. In B. Bloom (Ed.), *All our children learning: A primer for parents, teachers, and other educators* (pp. 121-129). New York: McGraw-Hill.

Barrow, R. (1984). *Giving teaching back to teachers: A critical introduction to curriculum theory.* Sussex, UK: Wheatsheaf.

Beane, J. (1995). Curriculum integration and the disciplines of knowledge. *Phi Delta Kappan,* 76, 616-622.

Beane, J. (1997). *Curriculum integration: Designing the core of democratic education.* New York: Teachers College Press.

Benne, K. & Muntyan, B. (1951). *Human relations in curriculum change.* New York: Dryden.

Bennett, T. (2001). Reactions to visiting the infant-toddler and preschool centers in Reggio Emilia, Italy. *Early Childhood Research & Practice: An Internet Journal on the Development, Care, and Education of Young Children* 3; 1.

Bernstein, E. (1968). "What does a Summerhill old school tie look like?" *Psychology Today,* 70, 38-41.

Bestor, A. (1953). *Educational wastelands: The retreat from learning in our public schools.* Urbana: University of Illinois Press.

Bestor, A. (1955). Cited in F. Connelly and D. Clandinin (1988). *Teachers as curriculum planners: Narratives of experience,* (p. 5). New York: Teachers College.

Block, A. (1998). Curriculum as *affichiste*: Popular culture and identity. In W. Pinar (Ed.), *Curriculum: Toward new identities* (pp. 325-341). New York: Garland.

Blow, S. (1894). *Symbolic education.* New York: D. Appleton and Company.

Bobbitt, F. (1918). *The curriculum.* Boston: Houghton Mifflin.

Brameld, T. (1955). *Philosophies of education in cultural perspective.* New York, Rinehart and Winston.

Bruner, J. (1960). *The process of education.* Cambridge, MA: Harvard.

Bruner, J. (1996). *The culture of education.* Cambridge, MA: Harvard.

Bullough, R., Goldstein, S., & Holt, L. (1984). *Human interests in the curriculum: Teaching and learning in a technological society.* New York: Teachers College.

Caswell, H. & Campbell, D. (1935). *Curriculum development.* New York: American Book.

Cay, D. (1966). *Curriculum: Design for learning.* Indianapolis: The Bobbs-Merrill.

Cornbleth, C. (1990). *Curriculum in context.* London: Palmer.

Cremin, L. (Ed.) (1957). *The republic and school: Horace Mann on the education of men.* New York: Teachers College, Columbia University.

Croall, J. (1983). *Neill of Summerhill.* New York: Pantheon.

Crosby, M. (1964). *Curriculum development for elementary schools in a changing society.* Boston: D. C. Heath.

Counts, G. (1932). *Dare the schools build a new social order?* New York: John Day.

de Alba, A., Gonzalez-Gaudino, E., Lankshear, C., & Peters, M. (2000). *Curriculum in the postmodern condition.* New York: Peter Lang.

Dewey, J. (1900). *The school and society.* Chicago: University of Chicago.

Dewey, J. (1913). *Interest and effort in education.* Cambridge, MA: Riverside.

Dewey, J. (1916). *Democracy and education.* New York: Macmillan.

Dewey, J. (1933). *How we think: A restatement of the relation of reflective thinking to the educative process.* Boston: Houghton Mifflin.

Dewey, J. (1938). *Experience and education.* New York: Macmillan.

Dickens, C. (1854, 1961). *Hard times for these times.* New York: New American Library.

Doll, R. (1996). *Curriculum development: Decision making and process* (9th ed.). Boston: Allyn and Bacon.

East Tennessee State University Center for Childhood Learning and Development. (n.d.). *The Reggio inspired approach.* Retrieved June 4, 2003, from www.child.etsu.edu.

Eby, F. (1952). *The development of modern education, 2nd edition.* Englewood Cliffs, NJ: Prentice-Hall, Inc.

Edmiaston, R. & Fitzgerald, L. (2000). How Reggio Emilia encourages inclusion. *Educational Leadership,* 58(1), 66-69.

Edwards, C. (2002). Three approaches from Europe: Waldorf, Montessori, and Reggio Emilia. *Early Childhood Research & Practice: An Internet Journal on the Development, Care, and Education of Young Children,* 4(1). Retrieved May 9, 2003 from www.ecrp.uiuc.edu.

Eisner, E. (Ed.) (1984). *Learning and teaching the ways of knowing.* Chicago: National Society for the Study of Education.

Ellis, A., & Glenn, A. (1977). "The effects of real and contrived problem solving on economic learning." *Journal of Economic Education,* 8(2).

Foshay, A. (1968). Shaping curriculum: The decade ahead. In G. Unruh & R. Leeper (Eds.), *Influence in curriculum change: Papers from a conference sponsored by the ASCD Commission on Current Curriculum Developments,* December, 1966 (pp. 3-12). Washington, DC: Association for Supervision and Curriculum Development, NEA.

Foxfire Fund (n.d.). *An educator' s guide to schoolwide reform.* Retrieved June 1, 2003 from www.aasa.org.

Freire, P. (1970). *A pedagogy of the oppressed.* New York: Continuum.

Fukuyama, F. (1995). *Trust: The social virtues and the creation of prosperity.* London: Hamish Hamilton.

Gay, O. (1990). *Achieving educational equality through curriculum desegregation. Phi Delta Kappan,* 72, 130.

Gideonse, H. (1968). Curriculum realities. In E. Short & G. Marconnit (Eds.), *Contemporary thought on public school curriculum* (pp. 351-356). Dubuque, IA: W. C. Brown.

Good, C. (1973). *Dictionary of education* (3rd ed.). New York: McGraw-Hill.

Goodlad, J. (1984). *A place called school.* New York: McGraw-Hill.

Grundy, S. (1987). *Curriculum: Product or praxis?* London, UK: Palmer.

Hass, G. (1987). *Curriculum planning: A new approach* (5th ed.). Boston: Allyn and Bacon.

Hirsch, E. D., Jr. (1987). *Cultural literacy: What every American needs to know.* Boston: Houghton Mifflin.

Hirsch, E. D., Jr. (1999). *The schools we need and why we don't have them.* New York: Anchor Books.

Hirsch, E. D., Jr. (2001). You can always look it up--or can you? *Common Knowledge,* 13, 2-3.

Hopkins, L. T. (1941). *Interaction: The democratic process.* Boston: D.C. Heath.

Hulbert, A. (2003). *Raising America: Experts, parents, and a century of advice about children.* New York: Alfred Knopf.

Hutchins, R. (1952). *The great conversation: The substance of a liberal education.* Chicago: Encyclopaedia Britannica.

Hutchins, R. (1953). *The conflict in education.* New York: Harper.

Jenkins, D. & Shipman, M. (1996). *Curriculum: An introduction.* London: Open Books.

Joseph, P. (2000). Conceptualizing curriculum. In P. Joseph, S. Bravmann, M. Windschitl, B. Mike, & N. Green (Eds.). *Cultures of curriculum* (pp. 1-14). Mahwah, NJ: Lawrence Erlbaum.

Johnson, M. (1967). Definitions and models in curriculum theory. *Educational Theory,* 1, 127-140.

Katz, L., & Chard, S. (1996). *The contribution of documentation to the quality of early childhood education.* Champaign, IL: ERIC Clearinghouse on Elementary and Early Childhood Education, No. EDO-PS-96-2.

Kerr, J. (Ed.). *Changing the curriculum.* London, UK: University of London.

Kilpatrick, W. (1918). The project method. *Teachers College Record.*

Knowles, J. (1981). *Peace breaks out.* New York: Bantam.

Kugelmass, J. (1995). Educating children with learning disabilities in Foxfire classrooms. *Journal of Learning Disabilities, 28,* 9.

Kyte, G. (1957). *The elementary school teacher at work.* New York: Dryden.

Lee, J. & Lee, D. (1950). *The child and his curriculum* (2nd ed.). New York: Appleton-Century Crofts.

Logan, L., & Logan, V. (1961). *Teaching the elementary school child*. Boston: Houghton Mifflin.

Marsh, C., & Stafford, K. (1984). *Curriculum: Australian practices and issues*. Sydney: McGraw-Hill.

McCombs, B. & Whisler, J. (1997). *The learner-centered classroom and school: Strategies for increasing student motivation and achievement*. San Francisco: Jossey-Bass.

Neagley, R. L., & Evans, N. D. (1967). *Handbook for effective curriculum development*. Englewood Cliffs, NJ: Prentice-Hall.

Neill, A. (1917). *A domine dismissed*. London: Herbert Jenkins.

Neill, A. (1970). *Summerhill: For and against*. New York: Hart.

New, R. (1993). *Reggio Emilia: Some lessons for U.S. educators*. Champaign, IL: ERIC Clearinghouse on Elementary and Early Childhood Education, No. EDO- PS-93-3.

New, R. (2000). *Reggio Emilia: Catalyst for change and conversation*. Champaign, IL: ERIC Clearinghouse on Elementary and Early Childhood Education, No. EDO-PS-00-15.

Oliva, P. (1982). *Developing the curriculum*. Boston: Little, Brown.

Oliva, P. (1997). *Developing the curriculum* (4th ed.). New York: Longman.

Oliver, A. (1968). What is the meaning of "Curriculum"? In E. Short & G. Marconnit (Eds.), *Contemporary thought on public school curriculum* (pp. 3-9). Dubuque, IA: W. C. Brown.

Olmstead, K. (1989). *Touching the past, en route to the future: Cultural journalism in the curriculum of rural schools*. Charleston, WV: ERIC Clearinghouse on Rural Education Small Schools, No. ED308057.

Parkay, F. & Hass, G. (2000). *Curriculum planning: A contemporary approach*. Boston: Allyn & Bacon.

Peterson, A. (2003). *School across frontiers: The story of the International Baccalaureate and the United World Colleges*. New York: Open Court Publications.

Pratt, D. (1980). *Curriculum: Design and development*. New York: Harcourt, Brace Jovanovich.

Prescott, D. (1957). *The child in educative process*. New York: McGraw-Hill.

Quintilian. (1987). *Quintilian on the teaching of speaking and writing.* Carbondale, IL: Southern Illinois University Press.

Ragan, W. B. (1960). *Modern elementary curriculum* (rev. ed.). New York: Henry Holt.

Ravitch, D. (2000). *Left back: A century of school reforms.* New York: Simon and Schuster.

Roberts, T. & Billings, L. (1999). *The power of Paideia schools: Defining lives through learning.* Alexandria, VA: ASCD.

Rogers, C. (1969). *Freedom to learn* . Columbus, OH: Charles E. Merrill.

Rogers, C., & Freiberg, J. (1994). *Freedom to learn* (3rd ed.). New York: Merrill.

Rousseau, J.-J. (1762/1978). *The social contract, or principles of political right.* (J. Masters, Trans.). New York: St. Martin.

Saylor, J. G., Alexander, W., & Lewis, A. (1980). *Curriculum planning for better teaching and learning.* (4th ed.). New York: Holt, Rinehart and Winston.

Sergiovanni, T. (1994). *Building community in schools.* San Francisco: Jossey-Bass.

Smith, B. O., Stanley, W. O., & Shores, J. H. (1957). *Fundamentals of curriculum development.* (rev. ed.). Yonkers on Hudson, NY: World Book.

Sowards, G. W., & Scobey, M. (1962). *The changing curriculum and the elementary teacher.* Belmont, CA: Wadsworth.

Spencer, H. (1896). *Education: Intellectual, moral, and physical.* New York: D. Appleton.

Starnes, B. (1999). *The Foxfire approach to teaching and learning: John Dewey, experiential learning and the core practices.* Charleston, WV: ERIC Clearinghouse on Rural Education and Small Schools, No. ED426826.

Stenhouse, L. (1975). *An introduction of curriculum research and development.* London, UK: Heinemann.

Taba, H. (1962). *Curriculum development: Theory and practice.* New York: Harcourt, Brace, Jovanovich.

Tanner, D., & Tanner, L. (1995). *Curriculum development: Theory into practice* (3rd ed.). New York: Merrill.

Walberg, H. (1984). Improving the productivity of America's schools. *Educational Leadership,* 41(8), 19-27.

Weiner, B. (1995). *Judgment of responsibility: A foundation for a theory of social conduct.* New York: Guilford.

Wiles, J., & Bondi, J. (1993). *Curriculum development: A guide to practice* (4th ed.). New York: Merrill.

Whitehead, A. N. (1929, 1967). *The aims of education and other essays.* New York: The Free Press.

Wragg, B. C. (1997). *The cubic curriculum.* London, UK: Routledge.

찾아보기

ㄱ

가르칠 수 있는 순간(teachable moment) 122
가치(values) 34~36
경험과 교육(Experience and Education) 5
경험으로서의 교육과정(curriculum as experience) 14~17
경험학습(experiential learning) 48, 193
공부(study) 79
공연예술(performing arts) 83
관계(relationships) 78
교과서(textbooks) 134~136
교과서 채택(textbook adoption) 163
교사들의 협력(collaboration by teachers) 90
교사의 역할(teacher role) 106~107, 175, 184, 194~195
교육과정의 균형(curriculum balance) 85~87
교육과정의 목표(goals of curriculum) 31~32
교육의 과정(Process of Education, The) 138
교육의 목적(Aims of Education) 94
교육의 문화(The Culture of Education) 138, 159~160
교통 흐름 단원(traffic flow unit) 120
구문론적 복잡성(syntactic complexity) 70~71
국립과학재단(National Science Foundation) 119, 134
국제중등디플로마 프로그램(International Baccalaureate Diploma Programme) 187~197
귀인이론(attribution theory) 38
그리스의 영향(Greek influence) 176
기능(skills) 36
기능 수업(skills sessions) 122
기독교의 영향(Christian influence) 176

ㄴ

나선형 교육과정(spiral curriculum) 159
날씨예보 단원(weather predictions unit) 120
낭만주의 운동(romantic movement) 12

ㄷ

다원주의(pluralism) 39~40
다중지능이론(multiple intelligences theory) 139
당신의 길 찾기 단원(finding your way unit) 120

ㄹ

라틴문법학교(Latin Grammar School) 151
레지오 에밀리아(Reggio Emilia) 88~93
레지오 에밀리아의 원리(principles of Reggio Emilia) 89

ㅁ

목표의 구조(goal structure) 59~61
몰팅하우스학교(Malting House School) 68
문제 해결(problem solving) 84, 100
문화소양(cultural literacy) 170
문화저널리즘(cultural journalism) 114
미국교육행정가협회(American Association of School Administrators) 207
미국의 미래 가정주부들(Future Homemakers of America) 47
미국의 미래 농부들(Future Farmers of America) 47
미덕의 책(The Book of Virtues) 168
미술전문교사(atelierista) 91
민주적인 지배구조(democratic governance) 77
민주주의(democracy) 97
민주주의로서의 학교(school as democracy) 123

ㅂ

발견(discovery) 73
발달교육(developmental education) 65
발달에 적합한 실제(developmentally appropriate practice) 65~67
본질주의(essentialism) 150~155
본질주의 교육과정(essentialist curriculum) 161~165
브루너의 수업모델(Bruner's instructional model) 137
빅 락 서드베리학교(Big Rock Sudbury School) 76~78

ㅅ

사회 문제(societal issues) 99~100
사회중심 교육과정의 핵심(keys to society-centered curriculum) 101
생활경험교육(life experience education) 48
생활 기능(life skills) 203
생활 문제(life problems) 100
서드베리 밸리 학교(Sudbury Valley School) 74
서드베리 학교(Sudbury Schools) 74~78
서머힐 학교(Summerhill School) 63~64
설교적 수업(didactic instruction) 182~183
세미나(seminars) 183
세이트 존즈 칼리지(St. Johns College) 177
소비자 조사 단원(consumer research unit) 119~120
소크라테스식 대화(Socratic dialogue) 177, 183
수업(instruction) 79
시민성(citizenship) 101, 177
시스템이론(systems theory) 26
시카고 서드베리학교(Chicago Sudbury School) 75
신뢰(trust) 38~39, 65
실험교육(experimental education) 47~48
실험학교(laboratory school) 46
10인위원회(Committee of Ten) 151~153

ㅇ

아동양육 및 활동강습소(Child Nurture and Activity Institute) 46
아동의 자유(freedom of children) 68
아이비오 모델(IBO model) 189
아이비오 원리(IBO principles) 188
앎의 양식(Ways of Knowing) 138~139
야외극(pageants) 102
양육자로서의 교사(teacher as nurturer) 85~86
양육하기(educare) 24~25
어려운 시절(Hard Times) 155~157
에밀(Emile) 45, 52
열린교육(open education) 62~63
위대한 아이디어(Great Ideas) 141~143
위대한 저서(Great Books) 177, 179
유치원(kindergarten) 12, 46
의사결정(decision making) 65
EECES 일정(EECES schedule) 82~85
이끌어 내기(educere) 24~25
인간: 교수요목(Man: A Course of Study) 136~137
7가지 주요 원리(Seven Cardinal Principles) 49, 154

ㅈ

자기주도(self-direction) 68
자아실현(self-realization) 59
자아현실화(self-actualization) 59
자연 관찰로 단원(nature trails unit) 120
자유교육(liberal education) 131~133
자유시간(free time) 83~84
자율학습(independent study) 77
자전거 통학 단원(bicycle transportation unit) 120
전교적 리더십(schoolwide leadership) 185~186
전국교육연구학회(National Society for the Study of Education) 138
전국교육협회(National Education Association) 49
전국수학교사협의회(National Council of Teachers of Mathematics) 133, 146
전국 파이데이아 센터(National Paideia Center) 180, 186
정당한 법의 절차(due process) 77~78
정의된 교육과정(defined curriculum) 9
정의된 모델(defined model) 3
정의된 이론(defined theory) 3
정의된 철학(defined philosophy) 3
정의적 교육(affective education) 64~65
정전(canon) 129
제3의 교사(third teacher) 91
제조 단원(manufacturing unit) 119
주요 개념(key concepts) 157
주요 아이디어(key ideas) 157
주요 원리(Cardinal Principles) 49
중핵지식교육과정(Core Knowledge Curriculum) 139~140, 170~175
지식의 목적(purpose of knowledge) 201~206
지식의 해석적 성격(interpretive nature of knowledge) 192
지식이론(Theory of Knowledge) (IBO) 192~193
진보주의 교육과정의 요소(elements of progressive curriculum) 53
진보주의 교육협회(Progressive Education Association) 50
진보주의 운동(progressive movement) 45~56
집단 맥락 속의 자아(self in group context) 104~105
집단 프로젝트법(group project approach) 101

ㅊ

창의성(creativity) 68
창의성, 활동, 봉사(creativity, action, service) 193
처방으로서의 교육과정(curriculum as prescription) 13~14
청량음료 설계 단원(soft-drink design

unit) 119
초등학교용 통합과학과 수학(Unified Science and Mathematics for Elementary Schools) 119~126

ㅋ

코칭(coaching) 182
쿡 카운티 사범학교(Cook County Normal School) 48

ㅌ

탐구(inquiry) 84
탐구경험 교육과정(Exploratory Experiences Curriculum) 79~87
텔레비전 시청(television viewing) 31
통제의 소재(locus of control) 70
통합학습(integrated studies) 48, 107~108

ㅍ

파이데이아 교수법(Paideia teaching methods) 182
파이데이아 교육과정(Paideia Curriculum) 179~186
파이데이아 원리(Paideia principles) 181
파이데이아 제안(Paideia Proposal) 140~143
팍스파이어 교육과정(Foxfire Curriculum) 114~118
팍스파이어 기금(Foxfire Fund) 210
팍스파이어 중핵적 실제(Foxfire core practices) 115~116
8년 연구(Eight-Year Study) 50~51
평가(assessment) 55, 76, 92~93, 101, 117~118, 125~126, 167, 175, 195~196
표준화검사(standardized tests) 204
프랭클린 아카데미(Franklin's Academy) 151
프로젝트법(project method) 48
프로젝트학습(project learning) 48

ㅎ

학교가 감히 새로운 사회 질서를 구축할 수 있는가?(Dare the Schools Build a New Social Order?) 49
학교교육의 목표(goals of schooling) 5
학교 급식 단원(eating at school unit) 120
학문교육과정(academic curriculum) 127, 129
학문의 구조(structure of disciplines) 157~159
학생의 역할(student role) 52, 54, 165, 184~185
학습에 대한 기록 작업(documentation of learning) 89
학습 환경(learning environment) 69
항존주의(perennialism) 150~155

항존주의 패러다임(perennial paradigm) 176~178
현성교육과정(emergent curriculum) 90
현실세계의 문제(real-world problems) 99~100
호기심(curiosity) 78
혼합연령학습(mixed-age learning) 76
환경교육(environmental education) 106~107
횡단보도 단원(pedestrian crossing unit) 123, 125
훈육(discipline) 154
휴식 시간(recess) 85
흥미설(doctrine of interest) 60, 67~68, 71
흥미 센터(interest centers) 54, 66~67, 80~81

인명

가드너(Gardner, H.) 139
게이(Gay, G.) 18
곤잘레즈-가우디노(Gonzalez-Gaudino, E.) 17
골드스틴(Goldstein, S.) 208
굿래드(Goodlad, J.) 35
그래드그라인드(Gradgrind, T.) 155
그런디(Grundy, S.) 210
글렌(Glenn, A.) 125
기디언즈(Gideonse, H.) 210
네이더(Nader, R.) 121
노울즈(Knowles, J.) 42
뉴(New, R.) 90~91
뉴튼(Newton, I.) 158
니글리(Neagley, R.) 212
닐(Neill, A. S.) 63~64, 78
다윈(Darwin, C.) 33
달링(Darling, J.) 57
돌(Doll, R., Jr.) 209
돕슨(Dobson, J.) 201
듀이(Dewey, J.) 5, 37, 43, 46~49
드 알바(de Alba, A.) 17
디즈레일리(Disraeli, B.) 79
디킨즈(Dickens, C.) 155
래그(Wragg, B.) 214
래비치(Ravitch, D.) 127, 129, 133, 144~145
랭크쉬어(Lankshear, C.) 17
러그(Rugg, H.) 48
레이건(Ragan, W.) 15, 213
로버츠(Roberts, T.) 180, 213
로우건(Logan, L.) 212
로우건(Logan, V.) 212
로저스(Rogers, C.) 62, 65
루소(Rousseau, J.-J.) 45, 52, 60, 213
루이스(Lewis, A.) 213
리(Lee, D.) 211
리(Lee, J.) 211
리코우버(Rickover, H.) 169
마쉬(Marsh, C.) 16
말라구찌(Malaguzzi, L.) 88~89
매즐로우(Maslow, A.) 59, 68
맨(Mann, H.) 33, 141, 166

머콤즈(McCombs, B.) 57
먼티언(Muntyan, B.) 208
미드(Mead, M.) 201
바빗(Bobbitt, F.) 14
배글리(Bagley, W. C.) 161, 167, 169
배로우(Barrow, R.) 207
번스타인(Bernstein, E.) 208
베니(Benne, K.) 208
베닛(Bennett, T.) 92, 208
베닛(Bennett, W.) 168~169
베스터(Bestor, A.) 17, 169, 208
베틀하임(Bettelheim, B.) 206
본디(Bondi, J.) 214
브러멜드(Brameld, T.) 178
브루너(Bruner, J.) 136~138, 145~146, 157~160
블락(Block, A.) 13, 208
블러(Bullough, R.) 208
블로우(Blow, S.) 74
빈(Beane, J.) 97, 102, 207
빌링즈(Billings, L.) 180, 213
서지오바니(Sergiovanni, T.) 97
세일러(Saylor, J.) 213
소워즈(Sowards, G.) 213
쇼어즈(Shores, J.) 213
쉽먼(Shipman, M.) 211
스미스(Smith, B.) 213
스코우비(Scobey, M.) 213
스탄즈(Starnes, B.) 114~115, 213
스태퍼드(Stafford, K.) 16
스탠리(Stanley, W.) 213
스텐하우스(Stenhouse, L.) 213
스팍(Spock, B.) 201
스펜서(Spencer, H.) 32~34, 201, 213
써버(Thurber, J.) 29
아리스토텔레스(Aristotleles) 16, 176
아우렐리우스(Aurelius, M.) 160
아이적스(Isaacs, S.) 68
아이즈너(Eisner, E.) 138
아퀴나스(Aquinas, T.) 176
애들러(Adler, M.) 127, 140~143, 146
앤더슨(Anderson, L.) 207
앨리그잰더(Alexander, W.) 207
에드미애스턴(Edmiaston, R.) 89~90
에드워즈(Edwards, C.) 90, 210
에번즈(Evans, N.) 212
에이컨(Aiken, W.) 207
엘리스(Ellis, A.) 125
엘리엇(Eliot, C.) 151
올리버(Oliver, A.) 212
올리버(Oliva, P.) 14, 212
옴스테드(Olmstead, K.) 114, 116~117, 212
와이너(Weiner, B.) 38, 214
와일즈(Wiles, J.) 214
왓슨(Watson, J.) 201
윌버그(Walberg, H.) 63
위긴튼(Wigginton, E.) 114
이비(Eby, F.) 105, 209
젱킨즈(Jenkins, D.) 211
조저프(Joseph, P.) 211
질송(Gilson, E.) 176
챠드(Chard, S.) 211
카운츠(Counts, G.) 48

카이트(Kyte, G.) 211
캐즈웰(Caswell, H.) 15
캐츠(Katz, L.) 93, 211
캠벌(Campbell, D.) 15
커(Kerr, J.) 211
케이(Cay, D.) 14
코메니우스(Comenius, J. A.) 55
쿠글매스(Kugelmass, J.) 114, 211
퀸틸리아누스(Quintilian) 45, 67, 71, 74
크레민(Cremin, L.) 166
크로즈비(Crosby, M.) 209
크롤(Croall, J.) 68
킬패트릭(Kilpatrick, W.) 48
타바(Taba, H.) 14
태너(Tanner, D.) 15
태너(Tanner, L.) 15
톨킨(Tolkien, J. R. R.) 11
파커(Parker, Colonel F.) 48
파케이(Parkay, F.) 212
페스탈로치(Pestalozzi, J.) 45
포쉐이(Foshay, A.) 16
프라이버그(Freiberg, J.) 62
프랫(Pratt, D.) 212
프랭클린(Franklin, B.) 151
프레스캇(Prescott, D.) 212
프레이리(Freire, P.) 108
프뢰벨(Froebel, F.) 46
플라톤(Platon) 67, 86, 176
피아제(Piaget, J.) 52, 69, 109
피츠제럴드(Fitzgerald, L.) 89~90, 209
피터슨(Peterson, A.) 188
피터즈(Peters, M.) 17
합킨즈(Hopkins, T.) 15
해스(Hass, G.) 210
허쉬(Hirsch, E. D., Jr.) 139~140, 145~146, 159
허친즈(Hutchins, R.) 141, 211
헐버트(Hulbert, A.) 201, 211
헤르바르트(Herbart, J.) 48
헤칭어(Hechinger, F.) 62
헨리(Henry, W.) 187
홀트(Holt, L.) 208
화이트헤드(Whitehead, A. N.) 94~95, 159
후쿠야마(Fukuyama, F.) 38
휘슬러(Whisler, J.) 57

역자

김복영

미국 University of Connecticut의 Dept. of Curriculum & Instruction에서
철학박사학위 취득. 한국교육개발원 선임연구원 역임.
현재 인천대학교 사회과학대학 창의인재개발학과 교수.
주요 관심 분야는 교육과정이론, 사회과 교육과정, 홀리스틱 교육과정, 문화연구 등

교육과정이론과 실천 패러다임

발 행 일 • 2012년 4월 12일 초판 발행
저　　자 • Arthur K. Ellis
역　　자 • 김복영
발 행 인 • 홍진기
발 행 처 • 아카데미프레스
주　　소 • 413-756 경기도 파주시 문발동 출판정보산업단지 507-9
전　　화 • 031-947-7389
팩　　스 • 031-947-7698
웹사이트 • www.academypress.co.kr
등 록 일 • 2003. 6. 18 제406-2011-000131호
I S B N • 978-89-97544-08-0 93370

값 15,000원